本书为中央高校基本科研业务费项目
"家族涉入对企业战略影响的实证研究"
（项目编号19wkpy55）成果

U0634786

家族涉入对企业战略影响的实证研究

毕立华 ◎ 著

吉林大学
出版社
·长春·

图书在版编目（CIP）数据

家族涉入对企业战略影响的实证研究 ／ 毕立华著. ——
长春：吉林大学出版社，2021.9
ISBN 978-7-5692-9100-1

Ⅰ. ①家… Ⅱ. ①毕… Ⅲ. ①家族－私营企业－企业
管理－研究－中国 Ⅳ. ①F279.245

中国版本图书馆CIP数据核字(2021)第207888号

书　　名　家族涉入对企业战略影响的实证研究
　　　　　JIAZU SHERU DUI QIYE ZHANLÜE YINGXIANG DE SHIZHENG YANJIU

作　　者　毕立华 著
策划编辑　杨占星
责任编辑　张鸿鹤
责任校对　刘　佳
装帧设计　徐占博
出版发行　吉林大学出版社
社　　址　长春市人民大街4059号
邮政编码　130021
发行电话　0431-89580028/29/21
网　　址　http://www.jlup.com.cn
电子邮箱　jlup@mail.jlu.edu.cn
印　　刷　三河市九洲财鑫印刷有限公司
开　　本　787mm×1092mm　　1/16
印　　张　10.75
字　　数　150千字
版　　次　2021年9月　　第1版
印　　次　2021年9月　　第1次
书　　号　ISBN 978-7-5692-9100-1
定　　价　52.00元

版权所有　翻印必究

前　　言

　　家族涉入是家族企业最重要的特征，家族涉入赋予家族企业战略决策以独特性，而且家族企业因为涉入程度不同而呈现较大异质性。在当前家族企业面临一二代交接班、企业战略转型的关键时期，探讨家族涉入对家族企业战略的影响意义深远。然而，由于中国家族企业数据较难获取，前人研究有关家族涉入的程度、方式及影响的经验证据相对较少。但近年来中国资本市场特别是中小板及创业板对民营企业的开放，给研究者分析家族涉入对企业战略的影响提供了较好的研究机会。

　　本书以2004—2012年中国中小板及创业板上市家族企业为研究样本，首先，清晰地定义并度量了家族涉入和企业战略，将家族涉入定义为家族涉入所有权层和治理层，其中所有权层涉入包括家族所有权涉入、控制权涉入及两权分离度，治理层涉入包括家族在决策层、管理层和监督层的涉入；而企业战略则用研发投资、多元化及国际化来度量。其次，对家族涉入对家族企业战略的影响进行了实证检验。最后，考察了外部环境业绩困境和环境不确定性对二者关系的调节效应。

　　研究结论发现：

　　1.家族涉入程度越高，家族企业研发投资越低。在所有权层面，家族控制权及现金流权涉入与研发投资显著负相关，两权分离度对研发投资的影响不明显；在治理层层面，家族在决策层董事会的涉入、管理层董监高的涉入程度越高，研发投资越低，但家族涉入经理等高管层及监督层监事会对研发投资的影响虽不显著但是负相关。

2.家族涉入程度越高，家族企业国际化水平越低。在所有权层面，家族控制权涉入与国际化显著负相关，家族现金流权涉入及两权分离度对国际化的影响不明显；在治理层层面，家族在管理层董监高和监督层监事会的涉入程度越高，国际化程度越低，但家族在决策层董事会的涉入、高管层（经理）的涉入对国际化的影响虽不显著，但是负相关。

3.家族涉入对多元化的影响方向相反。在所有权层面，家族现金流权涉入与多元化显著正相关，家族控制权涉入为正但接近显著，家族两权分离度对多元化的影响不明显；在治理层层面，家族在董事会决策层涉入程度越高，多元化水平越低；但家族在高管层涉入程度越高，家族越会实行多元化战略；而家族在管理层董监高涉入及监督层监事会涉入对多元化影响不明显。

4.当面临业绩困境和环境不确定性较高时，家族涉入对研发投资和国际化的负面影响减弱；家族所有权涉入与多元化的正相关关系得到强化，家族治理层涉入与多元化的负相关关系得到减弱。

笔者认为，本研究的结论对国内家族涉入对家族企业战略影响的研究有一定的参考价值。由于我国大多数现有的文献对家族企业的研究大都从实际控制人角度考虑，鲜有考虑实际控制人整个家族的涉入，因此，笔者重新定义了实际控制家族的家族成员在所有权层及治理层的涉入程度，并通过多种途径和方法收集数据，详细度量了家族涉入程度；同时，对家族企业战略给出量化指标；最后对家族涉入对企业战略的影响进行实证检验，并进一步分析了业绩困境和环境不确定性等外部环境对二者关系的调节效应，以期为学者了解我国上市家族企业的家族涉入度对企业战略的影响提供参考。

作者

2021年8月

目　录

1　绪　论

1.1 选题背景

　　家族企业是中国民营企业的主体和民营经济发展的关键力量，根据中国民（私）营经济研究会家族企业研究课题组（2011）的调查可知，如果从所有权的角度定义家族企业，则民营企业中家族企业占比85.4%；而如果从所有权及管理权的视角定义，则民营企业中家族企业占比55.5%。且根据2016年中欧国际工商学院和上海信托联合发布的《中国上市家族企业创新报告》白皮书，家族企业已占据中国A股上市公司半壁江山。自2010年以来，家族企业占所有A股上市公司的比例均超过40%，且逐年上升至接近50%，显示了家族企业在整体国民经济中地位的提升。尤其是改革开放政策实施以来，家族企业经过多年的发展步入成熟期，但是伴随着中国市场经济的逐步完善、经济增长方式的转变及产业结构的调整，家族正面临战略转型的严峻挑战。战略对任何企业的成长发展都是必需的，它作为企业的有机系统，不断协调组织与环境之间的关系，即当企业内外部的环境发生变化时，企业要对战略进行动态调整以适应变化了的情境，从而实现可持续发展。可见，战略对企业发展至关重要，也受到了学者和实践者的关注。因此，在家族企业面临战略转型的背景下，探讨家族企业的战略利于回答在中国由粗放型发展向集约型发展过程中，家族企业作为国民经济的主力军，在其中扮演什么角色，发挥了什么作用，是加快了我国的经济转型还是减慢了我国经济转型进程；同时，通过深入研究在家族企业面临产业结构转型升级的背景下，家族涉入对其战略选择的影响，也利于回答在面临内外部环境变化形势下家族企业的战略选择这一实际问题，为我国家族企业战略转型提供理论指导和实证经验；

此外，探讨战略转型背景下家族企业的战略选择，能够丰富中国家族企业战略的研究，为家族企业研究提供新型经济体国家的经验证据，因而，有重要的理论意义和现实意义。

从Lansberg等（1988）在家族企业研究的国际权威刊物*Family Business Review*创刊号发表的第一篇文章开始，[①]对家族企业的内涵和定义的探讨从未中断过，尽管学界对家族企业的定义一直存在分歧，但学者们在家族涉入企业是家族企业独一无二的特征这一点上基本达成共识。家族企业作为一种特殊的治理模式，是家族与企业的集合体，家族在企业的涉入成为家族企业区别于非家族企业的最大特点和本质特征，因而要研究家族企业的战略不可不考虑家族涉入对企业战略的影响。家族涉入赋予家族治理极大的特殊性，Gomez - Mejia（2007）认为家族企业因为家族涉入的特殊性，使得其在进行战略决策时，不仅追求经济目标还追求满足家族社会情感财富（Socioemotional Wealth，SEW）的非经济目标，如保持家族王朝的永垂不朽、实现家族福利和家族利他主义等。[②]但这会影响家族企业的战略决策，当一项战略决策对家族社会情感财富造成威胁时，家族为避免SEW的损失会积极否定这一战略，即使否定和不执行此战略影响企业的经济收益而增加其经营风险。此外，资源基础理论认为，虽然家族企业因为家族在企业的涉入给企业带来诸多的特有资源，如家族在治理层涉入带来的人力资本、在所有权涉入带来的财务资源等，但家族涉入带来的家族性也深刻影响企业的战略。高层梯队理论认为高管的个人特质影响其战略决策（Hambrick和Mason，1984[③]）。Finkelstein和Hambrick（1990）发现当高管的决策力、力量

---

① Lansberg I, Perrow E L, Rogolsky S. Editors' Notes[J]. Family Business Review, 1988, 1(1): 1-8.

② Gómez-Mejía L R, Haynes K TK, Núñez-Nickel, M, Jacobson, K J, Moyano-Fuentes, J. Socioemotional wealth and business risks in family-controlled firms: Evidence from Spanish olive oil mills[J]. Administrative Science Quarterly, 2007, 52(1): 106-137.

③ Hambrick D C, Mason P A. Upper echelons: The organization as a reflection of its top managers[J]. Academy of Management Review, 1984, 9(2): 193-206.

比较强时，高管的个人倾向对企业的战略决策的影响更为显著，高管个人对风险的偏好就会反映在企业战略决策里，最终影响企业产出。[①]管理层的文献也已经表明，高管的个人倾向影响战略决策进而影响企业行为（Miller和Toulouse，1986；Papadakis和Barwise，2002）。[②③]已有研究证实认为组织形式、高管个人特征及组织资源等都会影响企业的战略选择。可见，家族涉入企业管理层、治理层等必然会影响其战略。而且中国家族企业还受中国特殊制度背景、传统文化及"家"文化影响深刻，使得中国的人际关系呈现"以己为中心"的由近及远的"差序格局"，使得家族企业在决策时可能对家族成员表现出更多的偏爱，如任用更多家族成员即使不够合格，这些又对家族战略决策带来特殊的影响，因此探讨家族涉入对其战略的影响是必要的。

此外，实际上在家族企业内部，由于家族涉入程度不同，家族企业也呈现较大的异质性和多样性，其给企业带来的资源、决策力和影响力也存在差异，最终对家族企业战略的影响也是不同的。因此，研究家族涉入程度对企业战略的影响意义重大。

1.2 研究内容和意义

家族企业在世界经济中的作用日益增大（Morck和Yeung，2003）。[④]自改革开放以来，我国政府对非公经济的重视以及对"家文化"回归所持的欢迎态度，激发了民营经济的活力。尤其是近年来对混合所有制经济的发展，

---

① Finkelstein S, Hambrick D C. Top-management-team tenure and organizational outcomes: The moderating role of managerial discretion[J]. Administrative Science Quarterly, 1990(8): 484-503.

② Miller D, Toulouse J-M. Chief executive personality and corporate strategy and structure in small firms[J]. Management Science, 1986, 32(11): 1389-1409.

③ Papadakis, V M, Barwise, P. How much do CEOs and top managers matter in strategic decision-making?[J]. British Journal of Management, 2002, 13(1): 83-95.

④ Morck, R, Yeung, B. Agency problems in large family business groups[J]. Entrepreneurship Theory and Practice, 2003, 27(4): 367-382.

民营经济的发展迎来新的春天，根据前述，民营企业中85.4%以上均是家族企业，家族企业已成为我国经济增长的主导力量。但由于我国大部分家族企业成长于市场经济的初级阶段，相当一部分由乡镇企业改制而来，经济增长方式较粗放。但随着我国市场经济的发展和制度建设的日趋规范，那种单纯依靠劳动力红利或制度红利获取利润、赢得发展的时期，已经一去不复返了。而且现在家族企业即将进入传承阶段，未来5—10年将是我国民间财富从第一代创业者转向第二代继任者的高峰期，家族企业的生命周期也随之发生变化。战略转型是每个家族企业将要面对的现实问题。那么在此背景下，家族会选择何种战略来适应变化的环境？尤其是在家族企业受自身资源的影响以及都比较注重社会情感财富的保护情况下，家族涉入程度对其战略有何影响？因此，探讨家族涉入对企业战略的影响有重要的现实意义，既可以通过深入分析家族涉入程度的差异对战略的影响，如实反映不同家族企业的战略差异，为家族企业的战略转型提供一定的实证和参考；又可以为我国混合所有制改革中提高民营经济的活力和创新能力，提供一定程度的参考。

本书研究的理论意义在于，虽然家族企业的研究如雨后春笋般出现，但有关家族涉入的研究相对较少，而且局限于家族涉入对企业治理效率及企业价值的影响，鲜有学者探讨家族涉入对其战略选择和决策的影响。而且中国家族企业由于我国制度环境和传统文化的特殊性，对家族企业形成特殊的影响。因为中国传统文化中强调"家国天下"，家族企业作为中国社会生活最基本的经济单元，承载着我国"坚韧""有担当"等优秀品质。而且在中国这一特殊的制度背景下，关系是人们之间相互信任的前提，中国的人际关系呈现"以己为中心"的由近及远的"差序格局"（费孝通，2005）。[①]这为研究中国家族涉入对其战略的影响提供了独特的背景和视角。本书根据中国的文化和制度背景重新定义和度量了家族涉入，并通过构建理论基础来深

---

① 费孝通. 乡土中国[M]. 北京: 北京出版社, 2005:50-60.

入探究家族涉入程度对其战略的影响，既丰富了中国家族企业战略研究的样本，为家族企业研究提供新兴经济体的经验证据，减少了家族企业研究偏重发达国家和经济体的样本单一性；同时也填补了中国家族企业有关家族涉入影响企业战略的研究空白，提高了中国家族企业研究的多样性。

1.3 研究思路和方法

1.研究方法

笔者采取的主要研究方法是实证研究。

笔者首先通过大量阅读相关文献，对前人研究成果和研究方法归纳总结，以加深对本领域研究现状的了解，并结合实际，找出可以进一步研究的问题；其次是理论分析，通过构建模型，将相关变量进行抽象化，有利于考察变量间的联系，从而分析家族涉入对家族企业战略的影响机制及途径；然后收集相关数据，测度家族涉入程度；最后实证研究，根据推理，选择上市家族企业样本，选用家族涉入、企业战略恰当的代理变量，运用多元线性回归等计量模型进行分析。

2.技术路线

综合本论题的研究内容、研究重点问题及研究方法，可以得到以下技术路线图（图1-1）。

1.4 本书结构

本书的研究结构安排如下：

第一章：绪论。本章分5个小节，分别介绍本书的研究背景与意义、研究内容与创新之处、研究方法与技术路线以及本书结构安排。

第二章：文献综述与理论基础。主要围绕企业战略、家族涉入的界定、家族涉入对企业战略的影响梳理相关的研究文献，并结合SEW理论、高层梯队理论、行为代理理论及代理理论等构建框架模型，并在此基础上总结家族

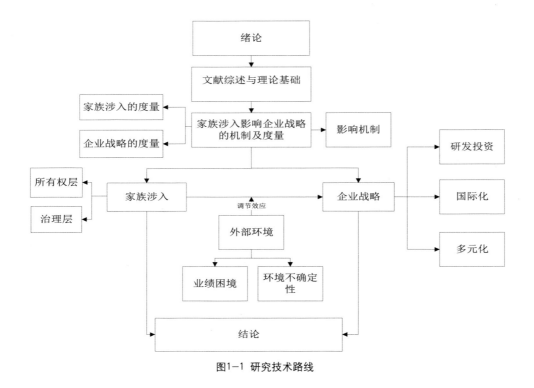

图1-1 研究技术路线

涉入影响企业战略变革的发展脉络。

第三章：家族涉入和企业战略的度量及影响机制。主要分析家族涉入影响中国家族企业战略的机制，主要表现为研发、多元化战略和和国际化战略，并且界定家族涉入和战略的内涵、度量方法及依据。

第四章：家族涉入与研发投资。主要分析家族在所有权层涉入和治理层涉入对企业研发投资的影响。

第五章：家族涉入与多元化战略。主要分析家族在所有权层涉入和治理层涉入对企业多元化的影响。

第六章：家族涉入与国际化战略。主要分析家族在所有权层涉入和治理层涉入对企业国际化的影响。

第七章：外部环境对家族涉入与企业战略的影响。主要分析外部环境不确定性、业绩困境对家族涉入与企业战略的调节作用。

第八章：本书的总结。包括研究结论、启示、研究局限，并对未来研究方向进行展望。

1.5 本书创新之处

根据差序格局考虑家族成员在所有权层、治理层的涉入程度，度量家族涉入。家族企业研究的最大难题就是如何清晰地度量家族涉入，以前的研究对家族涉入的度量大都较宽泛，往往只考虑家族涉入所有权、管理层及治理层中的一维，或者仅仅从实际控制人角度度量家族涉入而忽略了企业产权及管理权在家族成员中的分布。本书以中小板及创业板上市家族企业为研究样本，探究家族联合持股，创始人个体、夫妻、父子（母子）等核心家族成员与兄弟姐妹等非核心家族成员涉入对企业的影响。

分析家族涉入对中国家族企业战略的影响，尽管家族企业受到许多学者的关注，但国内对家族涉入的研究却不多。目前研究家族涉入对企业价值、治理效率的影响的居多，鲜有学者探讨家族涉入对企业战略的影响。本书以中国家族企业为对象考察家族涉入对家族企业战略的影响，填补了国内家族涉入对企业战略影响研究的空白，同时也丰富了家族涉入与企业战略关系的研究样本。

2 文献综述与理论基础

不管是从理论分析还是从经验证据来看，家族涉入对企业战略的影响都是不明确的。其中的原因，一方面在于不同的理论其假设各不相同，另一方面在于实证中对家族涉入的测量及样本的选择不同，从而导致研究结论相差较大。

2.1 家族企业的界定

在家族企业研究中首要的挑战性任务就是清晰界定家族企业。Lansberg等（1988）在家族企业研究的国际期刊*Family Business Review*创刊号编者按的文章中提出"什么是家族企业"这一问题，[①]从那时起学术界对该问题的讨论从未中断，且至今也没有就家族企业的定义达成任何一致意见。笔者沿袭张俭（2013）对家族企业的定义，只要家族企业终极控制权可以追溯至自然人或家族就可认定为家族企业，也就是说先将家族企业定义为一个广义的概念，即最终控制人为个人或家族，然后逐步加入家族在所有权层的涉入、在治理层的涉入等因素，考察家族涉入对家族企业战略的影响及其路径。

2.2 家族涉入的界定

对于什么是"家族涉入"，学者同样并未达成一致，但都认为家族涉入是家族企业独一无二的特性（Miller和Rice，1967）。对于家族涉入的定义，资源基础理论认为家族企业与非家族企业的最大不同在于家族涉入企业所

---

① Lansberg, I, Perrow, E L, Rogolsky, S. Editors' Notes[J]. Family Business Review, 1988, 1(1): 1-8.

带来的特殊资源，如家族涉入所有权带来的财务资本，家族涉入管理层所带来的特殊的人力资源等。Habbershon和Mlliams（1999）将资源基础观进一步深入，把家族涉入企业带来的特殊资源和能力称为"家族性"，即从家族性这一概念性视角定义家族涉入。Carney（2005）则从家族治理的视角界定家族涉入，认为家族涉入会影响企业的资源分配和竞争优势，进而影响企业治理。以上都是对家族涉入的定性描述和界定，总体来看都倾向于把家族涉入定性描述为家族带给企业的独特资源和优势。但对于家族涉入的定量界定，各学者莫衷一是。国外学者Handler（1989）、Block等（2013）认为家族涉入包括所有权层涉入和管理层涉入，而Church和Hatten（1987）、Chua等（1999）则认为除此之外，还应包括家族企业的传承意愿。[1][2]Anderson等（2003）则认为家族涉入包括家族所有权比例、家族成员进入董事会以及家族控制持续时间。近年来，Mazzi（2011）将家族涉入分成两类：在所有权和控制权中的涉入、在管理层的涉入；而Matzler等（2015）则把家族涉入分为所有权层、管理层和治理层涉入。[3][4]由此可见，国外学者对家族涉入的界定有定性也有定量，而且定量的标准家族涉入层面各持己见，难以达成一致。

国内学者杨学儒、李新春（2009）将家族涉入归结为家族涉入企业治理（包括家族控股）、家族涉入企业管理行为、家族治理及家族意图四个方面，并以非上市公司的调查数据为基础，构建家族涉入指数。[5]张俭

[1] Block, J, Miller, D, Jaskiewicz, P, Spiegel, F. Economic and Technological Importance of Innovations in Large Family and Founder Firms: An Analysis of Patent Data[J]. Family Business Review, 2013, 26(2): 180-199.

[2] Chua, J H, Chrisman, J J, Sharma, P. Defining the family business by behavior[J]. Entrepreneurship Theory and Practice, 1999(23): 19-40.

[3] Matzler, K, Veider, V, Hautz, J, Stadler, C. The Impact of Family Ownership, Management, and Governance on Innovation[J]. Journal of Product Innovation Management, 2015, 32(3): 319-333.

[4] Mazzi, C. Family business and financial performance: Current state of knowledge and future research challenges[J]. Journal of Family Business Strategy, 2011, 2(3): 166-181.

[5] 杨学儒, 李新春. 家族涉入指数的构建与测量研究[J]. 中国工业经济, 2009(05): 97-107.

（2013）从所有权（控制权）、管理权（包含治理层及管理层）两个方面对家族涉入进行详细量化，并深入探讨了家族涉入对家族企业价值的影响。[1]严若森和叶云龙（2014）将家族涉入量化为所有权涉入和管理层涉入，并考察其对家族研发投资的影响。陈凌和陈华丽（2014）延续Anderson等（2003）的定义，将家族涉入定义为家族所有权比例、家族成员进入董事会以及家族控制持续时间，并在此基础上分析了家族涉入对企业慈善捐赠行为的影响。此外，国内学者石本仁、苏启林、王明琳等探讨了家族涉入所有权、控制权，对企业价值的影响（苏启林、朱文，2003；王明琳、周生春，2006；于健南、石本仁、石水平，2008）；[2][3][4]吕长江等（2014）、王琨等（2015）分别研究了家族成员涉入管理层对家族企业IPO抑价率及高管薪酬的影响；[5][6]贺小刚、连燕玲、李新春则分析了家族涉入企业治理层对企业绩效及战略变革的影响（贺小刚、李新春、连燕玲，2007；贺小刚、连燕玲，2009；贺小刚、李新春等；贺小刚、李婧、陈蕾，2010）。[7][8][9][10]由上

---

[1] 张俭. 家族涉入与家族企业价值[D]. 广州：暨南大学，2013.

[2] 苏启林，朱文. 上市公司家族控制与企业价值[J]. 经济研究，2003(8): 36-45.

[3] 王明琳，周生春. 控制性家族类型, 双重三层委托代理问题与企业价值[J]. 管理世界, 2006(8): 83-93.

[4] 于健南，石本仁，石水平. 中国家族企业治理要素与企业绩效实证研究[J]. 山西财经大学学报, 2008(3): 73-81.

[5] 王琨，徐艳萍. 家族企业高管性质与薪酬研究[J]. 南开管理评论, 2015, 18(4): 15-25.

[6] 翁宵暐，王克明，吕长江. 家族成员参与管理对 IPO 抑价率的影响[J]. 管理世界, 2014(1): 156-166.

[7] 贺小刚, 连燕玲. 家族权威与企业价值: 基于家族上市公司的实证研究[J]. 经济研究, 2009(04): 90-102.

[8] 贺小刚, 李新春, 连燕玲. 家族权威与企业绩效: 基于广东省中山市家族企业的经验研究[J]. 南开管理评论, 2007(05): 75-81.

[9] 贺小刚, 李婧, 陈蕾. 家族成员组合与公司治理效率: 基于家族上市公司的实证研究[J]. 南开管理评论, 2010(6): 149-160.

[10] 贺小刚, 李新春, 连燕玲, 张远飞. 家族内部的权力偏离及其对治理效率的影响——对家族上市公司的研究[J]. 中国工业经济, 2010(10): 96-106.

可知，国内对家族涉入的界定也可分为定性和定量，且定量方面的界定明显高于定性，但也看出国内学者对家族涉入量的界定往往只偏向某一方面，或所有权层，或管理层，或治理层，与国外相比略显片面。

综上所述，尽管国内外学者对家族涉入的界定各有千秋，但上述研究对家族涉入的界定仍存在几点局限性：第一，在考虑家族涉入时，除了张俭（2013）对家族涉入的界定较为细化外，其他学者大都只是关注所有权、控制权或管理权的某一个方面，家族在这几个维度的涉入，往往相互交织，而非仅仅涉入其中一个维度。第二，前人研究往往将涉入的家族视为一个整体，忽略了企业产权及管理权在家族成员中的分布。如家族所有权涉入仅以家族或家族自然人直接或间接持有上市公司的股权比例来衡量，未考虑家族成员的持股分布，而家族管理层涉入也只是考虑家族成员是否担任CEO或董事会主席及整体家族成员在管理层的任职比例（Block，et al.，2013；严若森和叶云龙，2014；Sciascia et al.，2014），[1][2][3]并没有进一步区分家族涉入董事会决策层、高管层等对企业行为的不同影响，不够细致深入。此外，尽管张俭（2013）对家族涉入的界定较为详细，但把家族涉入分为所有权（控制权）、管理权（包含治理层及管理层）两个方面明显存在一定的局限，因为严格意义上讲治理层包含管理层，且家族在决策层、管理层及监督层的涉入都可归入企业治理层。因此，为提高研究的可靠性和准确性，本书借鉴Block等（2013）、Matzler等（2015）、张俭（2013）对家族涉入的定义，将家族

---

① Block, J, Miller, D, Jaskiewicz, P, Spiegel, F. Economic and Technological Importance of Innovations in Large Family and Founder Firms: An Analysis of Patent Data[J]. Family Business Review, 2013, 26(2): 180-199.

② Sciascia, S, Mazzola, P, Kellermanns, F W. Family management and profitability in private family-owned firms: Introducing generational stage and the socioemotional wealth perspective[J]. Journal of Family Business Strategy, 2014, 5(2): 131-137.

③ 严若森, 叶云龙. 家族所有权、家族管理涉入与企业 R&D 投入水平——基于社会情感财富的分析视角[J]. 经济管理, 2014, 36(12): 51-61.

涉入分为所有权层涉入和治理层涉入，并以实际控制人为核心确定整个家族的涉入度，计算出家族及其成员在所有权层、治理层的涉入程度。最终，笔者将家族在所有权层涉入分为所有权、控制权和现金流权；而治理层涉入则包括决策层、管理层及监督层。

2.3企业战略的界定

战略一词源于军事术语，在西方，战略源于古希腊文"Strategia"，意思是"将领之术"，指导军队作战的艺术和科学。在我国，战略起源于兵法，指将帅"运筹于帷幄之中，决胜于千里之外"的智谋。[①]因此，战略的本意是指筹划和指导战争全局的方略。将军事战略思想运用到公司的经营管理之中就产生了企业战略。何谓企业战略？从总体上讲，战略是动态协调组织和客观环境之间适应性关系的有机系统。具体来讲，企业战略是企业最高管理层根据企业的经营目标和经营方针及对所拥有的内外部资源及环境分析，进行资源配置，制定出企业的未来目标和发展方向。它具有全局性和长期性特点，关系到企业未来发展方向和发展道路。从本源看，企业战略的思想是随着企业管理理论的发展而逐渐形成的，但到目前为止对于企业战略的定义仍未达成一致。

美国管理学家钱德勒（1962）在《战略与结构》一书中认为企业战略应当根据环境的变化而做出改变，并且组织结构也应该为战略服务，必要时适应战略变化而改变，开启了企业战略研究的先河。[②]而安索夫（1965）则认为，战略是企业与环境的匹配，是对未知未来的决策。此后，安德鲁斯承继了钱德勒的战略思想，于1971年在《公司战略概念》中提出著名的SWOT分析矩阵，认为企业战略实质上就是企业内部条件因素（组织优势和劣势）与外部环境状况（环境机会和威胁）之间的匹配。迈克尔·波特（1996）则从

---

① 柳茂平. 战略本质与企业战略内在层次结构[J]. 南开管理评论, 2003, 6(1): 31-34.

② Chandler Jr, A. D. Strategy and structure[M]. Cambridge MA:MIT Press, 1962.

自我定位的角度出发，认为战略是组织根据所处的内外部环境进行的自我定位。①所谓定位，就是组织适应环境变化，有所为，有所不为。因为相对于组织发展面临的机遇，它所拥有的资源总是有限的，所以组织需要根据环境变化做出最优的战略选择。而Hitt（2009）从竞争优势角度出发，认为战略是指组织为了增强核心竞争力、获取竞争优势所采取的一系列约定和行动，是对组织长期发展目标及竞争方式的战略决策。尽管不同学者对企业战略的定义不尽相同，但对企业战略的内涵已基本达成共识，即基本认同企业战略是组织根据拥有的资源及所处的环境做出的关于未来长远发展的决策。而从实务角度分析，从公司层面可将企业战略分为4类：加强型战略、一体化战略、多元化战略和防御性战略。加强型战略是指通过市场渗透、产品研发及技术创新等扩大企业规模，提高其在现有行业中的竞争地位。这一战略需要企业对现有业务的经营现状及其未来发展充满信心，如企业研发和国际化战略。一体化战略分为前向一体化、后向一体化和横向一体化，是基于对行业前景的看好，通过加大对产业链的控制、降低成本来提升核心竞争力。多元化战略是指企业通过相关多元化或非相关多元化，开展多元业务以分散经营风险，达到"东边不亮西边亮"的效果。防御性战略主要有合资经营、收缩、剥离和结业清算等。可见，战略作为企业适应环境变化并实现长期发展的整体性谋略，具有全局性、长远性和指导性的特点，而且不同的战略有不同的作用和导向，因此，如何选择并实施正确的企业战略，关系到企业能否在复杂多变的环境中获取竞争优势，实现长远发展。

家族企业作为我国国民经济发展的主力军，正确的战略决策对其发展至关重要。尤其是在中国市场经济逐步完善、产业结构调整及面临战略转型的背景下，如何选择有效的企业战略关系到家族企业的生死存亡和可持续发展。

---

① Porter M E. What is strategy?[J]. Harvard Business Review, 1996, 74(6): 61-78.

2.4家族涉入对企业战略的影响

2.4.1国外的相关文献

国外学者对家族涉入影响企业战略的研究较为丰富，就宏观层面有关家族企业战略的影响因素而言，Ibrahim等（2015）以74家小型家族企业为样本研究家族企业战略的决定因素，发现企业资源、家族认知和外部环境对战略决策起决定作用，但家族企业的生命周期即企业所处发展阶段以及家族企业的规模也会影响企业战略决策。[1]Mahto和Khanin（2015）研究发现绩效会影响企业承担的风险，按照战略参照点和企业行为理论，家族企业所有者企业如果对过去的绩效满意则会降低未来的风险承担，从而影响其具体的战略选择是趋向保守还是激进。[2]Binacci等（2015）则认为家族目标的追求也会影响企业的战略选择，其研究表明家族成员更多地追求社会情感财富目标，非家族成员更多地追求经济目标。[3]也有学者通过比较家族企业与非家族企业的不同、家族成员与非家族成员的不同来比较其战略差异，如Mullins和Schoar（2016）通过对22个新兴经济体国家800个CEO的调查问卷，探讨CEO如何看待他们的角色，发现家族企业创业CEO倾向于保持家族控制权，且维持企业当前战略不变；与之鲜明对比的是非家族企业CEO认为领导的责任是给企业带来战略变化。[4]而Lybaert等（2012）以非上市家族企业为样本，区分财务所有权与心理所有权对企业风险偏好和战略决策的影响，发现非家族

---

[1] Ibrahim B, Dumas C, McGuire J. Strategic decision making in small family firms: an empirical investigation[J]. Journal of Small Business Strategy, 2015, 12(1: 80-90.

[2] Mahto R V, Khanin D. Satisfaction with Past Financial Performance, Risk Taking, and Future Performance Expectations in the Family Business[J]. Journal of Small Business Management, 2015, 53(3): 801-818.

[3] Binacci M, Peruffo E, Oriani R, Minichilli A. Are All Non-Family Managers (NFMs) Equal? The Impact of NFM Characteristics and Diversity on Family Firm Performance[J]. Corporate Governance: An International Review, 2015: 1-15.

[4] Mullins W, Schoar A. How do CEOs see their roles? Management philosophies and styles in family and non-family firms[J]. Journal of Financial Economics, 2016, 119(1: 24-43.

成员担任CEO的企业，承担的风险要高于家族成员任CEO承担的风险，但这一关系会随着非家族成员CEO任期的增加而逐渐消失。

而就家族涉入影响企业的具体战略而言，研究更为丰富且结论各异。第一，对于企业的研发投资，Block等（2013）以专利数据为基础分析创新经济和技术的重要性，发现家族成员在所有权涉入与管理层涉入与收到的专利引用数量负相关；[1]Chen和Hsu（2009）、Martin等（2013）也发现家族所有权与研发投资显著负相关；但Matzler等（2015）发现家族所有权涉入对研发投入及产出没有任何影响，而家族涉入管理层和治理层会减少研发投入，增加研发产出。[2]可见，由于对家族涉入的定义和度量不同，及选取的样本差异，导致研究结论各异。除了家族涉入程度不同影响企业研发投入及产出外，家族企业所面对的内外部环境也会影响其对研发创新的关注，Patel和Chrisman（2014）运用风险规避模型，发现企业绩效会影响家族企业的研发投资，当家族企业绩效高于预期时，家族会平衡社会情感财富目标与经济目标，更易选择风险低、可靠性高的开发性研发投资；[3]而当企业绩效低于预期时，家族企业则倾向于风险高、可靠性低但会带来较高收入的探索性研发投资。Gomez-Mejia等（2013）[4]以高新技术行业为研究样本，探讨了机构投资者、相关多元化及业绩困境等内外部环境对企业研发决策的影响，也发现机构投资者持股比例和相关多元化程度与研发投资显著正相关；而且当家族

---

① Block J, Miller D, Jaskiewicz P, Spiegel F. Economic and Technological Importance of Innovations in Large Family and Founder Firms: An Analysis of Patent Data[J]. Family Business Review, 2013, 26(2: 180-199.

② Matzler K, Veider V, Hautz J, Stadler C. The Impact of Family Ownership, Management, and Governance on Innovation[J]. Journal of Product Innovation Management, 2015, 32(3: 319-333.

③ Patel, P C, Chrisman, JJ Risk abatement as a strategy for R&D investments in family firms[J]. Strategic Management Journal, 2014, 35(4: 617-627.

④ Gomez-Mejia L R, Campbell J T, Martin G, Hoskisson R E, Makri M, Sirmon D G. Socioemotional Wealth as a Mixed Gamble: Revisiting Family Firm R&D Investments with the Behavioral Agency Model[J]. Entrepreneurship Theory and Practice, 2013(38): 1351-1374.

企业面临业绩困境时，机构投资者与相关多元化对研发投资的正面影响更为显著，即业绩困境强化了这二者的关系。①这两项研究表明，当家族企业面临内外部困境时，尤其是出现业绩困境时，家族会变得偏好风险而加大研发投入。此外，Kraiczy（2015）则以德国中小型家族企业为样本，发现CEO的风险承担倾向和组织环境也会影响企业创新。其研究表明CEO的风险承担倾向对企业创新有积极影响，组织环境对二者的关系起调节作用，但如果家族成员涉入管理层，他们会更多地关注SEW目标，削弱CEO对企业创新的积极效应。②而Chrisman（2015）通过综述家族企业创新类文献，将家族企业创新的驱动因素分为创新能力与创新意愿，发现矛盾的是家族企业通常是有能力进行创新但却无意愿创新。③

第二，尽管家族企业在世界经济中的地位日益明显，但与研发投资相比，有关家族涉入对国际化战略影响的实证研究相对较少，且结论各异。Mitter等（2012）利用奥地利家族企业的数据探讨家族涉入对其国际化的影响，发现家族涉入与国际化呈倒U形关系；与一代相比如果二代在职家族企业更易进行国际化，而管理层中是否有外部成员担任CEO对结果影响不显著，但若家族企业中设有咨询委员会，会促进企业国际化。④而Liang等（2013）从家族企业社会情感财富视角，检验家族控制对其国际化的影响，家族企业控制权从家族在企业管理层的涉入及所有权的涉入两方面衡量，结

---

① Gomez-Mejia L R, Campbell J T, Martin G, Hoskisson, R E, Makri M, Sirmon D G. Socioemotional Wealth as a Mixed Gamble: Revisiting Family Firm R&D Investments with the Behavioral Agency Model[J]. Entrepreneurship Theory and Practice, 2013(38): 1351-1374.

② Kraiczy N D, Hack A, Kellermanns F W. What Makes a Family Firm Innovative? CEO Risk-Taking Propensity and the Organizational Context of Family Firms[J]. Journal of Product Innovation Management, 2015, 32(3): 334-348.

③ Chrisman J J, Chua J H, De Massis A, Frattini F, Wright M. The Ability and Willingness Paradox in Family Firm Innovation[J]. Journal of Product Innovation Management, 2015, 32(3): 310-318.

④ Mitter C, Duller C, Feldbauer-Durstmüller B, Kraus S. Internationalization of family firms: the effect of ownership and governance[J]. Review of Managerial Science, 2012, 8(1): 1-28.

果表明家族在管理层的涉入与国际化呈倒U形关系，家族在所有权层面的涉入与国际化呈U形关系。[①]Merino等（2015）以西班牙的中小型企业为样本研究家族涉入与国际化的关系，其家族涉入以家族企业的权力、经验及文化三个维度来度量，结果表明家族企业经验及文化维度与国际化显著正相关，而家族权力导向即家族涉入管理层对出口并无显著影响。[②]由上知，家族涉入对国际化战略的影响既有线性关系也有非线性关系，而且线性关系又分为U形关系和倒U形关系，至于哪种关系主导取决于家族涉入的定义、计量及家族企业的样本差异。Nordqvist（2012）除了研究家族涉入对国际化的影响外，还深入分析了外部环境和企业绩效对其国际化战略的影响，研究发现非家族成员所有权比例和非家族成员在高管团队的涉入与国际化成正向关系。但当外部环境多样性强时，非家族成员涉入对家族企业国际化的促进作用会减弱，而且企业过去绩效对非家族成员在高管团队涉入与国际化有显著负向调节作用。[③]可见，企业会根据其所处的内外部环境的变化调整其国际化战略。

第三，对于企业的多元化战略，国外学者的研究结论基本可分为两类：第一类是家族涉入会阻碍企业多元化战略，如Gedajlovic（2015）以美国上市公司为样本采用Mata分析方法，研究家族控制的企业如何影响企业战略，发现与非家族企业相比，家族企业为保护其控制权和社会情感财富，较少进行多元化和国际化、较少外部融资；通过代际的战略比较发现，与

① Liang X, Wang L, Cui Z. Chinese Private Firms and Internationalization: Effects of Family Involvement in Management and Family Ownership[J]. Family Business Review, 2013, 27(2): 126-141.

② Merino F, Monreal-Pérez J, Sánchez-Marín G. Family SMEs' Internationalization: Disentangling the Influence of Familiness on Spanish Firms' Export Activity[J]. Journal of Small Business Management, 2015, 53(4): 1164-1184.

③ Casillas J C, Moreno A M, Barbero J L. A configurational approach of the relationship between entrepreneurial orientation and growth of family firms[J]. Family Business Review, 2009(23): 27-44.

一代相比，后代大多规避风险，不愿投资于高风险的多元化项目。[①]Galve-Górriz（2015）等也探讨了家族涉入对企业专业化与多元化决策的影响，发现与非家族企业相比，家族企业较少多元化，更多专业化。[②]而Schmid和Ampenberger（2015）以德国家族企业为样本，探究家族涉入不同层面对企业多元化的影响，同样发现家族涉入管理层不利于企业多元化。[③]第二类是家族涉入会促使企业多元化水平的提高，Miller（2009）等以财富1000强的公司为样本，以代理理论为基础，研究了家族企业风险偏好对其兼并及多元化的影响，发现家族所有权涉入与兼并和多元化成正向关系，即家族持股比例越高，家族所有者为分散商业风险和将财富成功传承给后代，兼并的数量和多元化程度越高。[④]Schmid和Ampenberger（2015）以德国家族企业为样本，也发现家族涉入所有权层有利于多元化。由上知，对于家族涉入如何影响多元化战略的实施，学者们各持己见。[⑤]

综上所述，国外关于家族涉入对企业战略影响的研究较为丰富，不论是家族企业战略的影响因素，还是有关家族涉入影响的具体战略如研发、多元化及国际化，但是仍然存在几点问题：一是研究样本多为发达国家经济体，新兴市场国家研究较少，中国作为世界第二大经济体，却鲜有人研究，使得

---

① Van Essen M, Carney M, Gedajlovic E R, Heugens P P M A R. How does Family Control Influence Firm Strategy and Performance? A Meta-Analysis of US Publicly Listed Firms[J]. Corporate Governance: An International Review, 2015, 23(1): 3-24.

② Hernández-Trasobares A, Galve-Górriz C. The influence of family control on decisions regarding the specialization and diversification of business groups[J]. Business Research Quarterly, 2015(43): 1-17.

③ Schmid T, Ampenberger M, Kaserer C, Achleitner, A-K. Family Firm Heterogeneity and Corporate Policy: Evidence from Diversification Decisions[J]. Corporate Governance: An International Review, 2015, 23(3): 285-302.

④ Miller D, Le Breton-Miller I, Lester R H. Family ownership and acquisition behavior in publicly-traded companies[J]. Strategic Management Journal, 2009: 201-223.

⑤ Schmid T, Ampenberger M, Kaserer C, Achleitner A-K. Family Firm Heterogeneity and Corporate Policy: Evidence from Diversification Decisions[J]. Corporate Governance: An International Review, 2015, 23(3: 285-302.

样本的代表性不够充分；二是家族涉入的度量较为粗犷，仅仅分析家族涉入所有权、管理层、决策层及治理层中的一个或两个对企业战略的影响，而实际上家族在企业的涉入是多方面的而且相互交织，仅仅研究其中一两个层面的涉入进而得出研究结论，未免显得过于片面，可能影响结论的可靠性和验证性；三是尽管对家族企业具体战略实证研究成果丰硕，但是大多数学者对企业战略的衡量较为单一，仅仅涉及多元化、国际化或研发中的一个最多两个，不足以涵盖家族企业战略内涵。实际上，研发、国际化及多元化战略是紧密联系的，同时考虑这3个战略才可能深入了解家族企业的战略实质。原因如下：

研发投资是企业创新的源泉，直接关系到企业核心竞争能力的提升和可持续竞争优势的保持，尤其是在当前企业竞争白热化的状态下，研发投资是家族企业实现未来可持续发展的保证。而在全球化竞争的加剧和世界经济一体化的大背景下，国际化战略已成为家族企业不可规避的战略选择，国际化利于家族企业在世界范围内整合优质资源，降低生产成本并获得更大的市场空间和资源，降低对本土市场的依赖和风险；但也应看到，家族企业实施国际化战略，要面对全球范围内的竞争，并且要满足不同市场、不同客户的产品和服务需求，这都需要依靠企业强有力的研发投入增强其核心竞争力，离开研发做支撑的国际化恐怕也只是低水平的国际化，不足以实现长远可持续发展。家族企业只有把研发与国际化战略紧密结合，既修炼内功又开拓国际市场，才能真正做强，在激烈的市场竞争中立于不败之地。但仅仅投资于单一行业是有风险的，尤其是在当前世界经济环境不确定的情况下，而且家族企业经过多年的发展基本都步入了成熟期，积累了一定的资本及人员优势，为充分利用企业的资源及能力，提高核心竞争力，家族企业需要实施多元化战略来分散风险，以实现可持续发展和基业长青。

此外，事实上家族企业因为涉入程度不同，对待风险的态度也不同，其采取的战略也是有差异的，有的保守，可能只进行研发投资，而有的可能偏好风险，多种投资战略并举。综上，仅研究其中一方面不能全面反映家族企业的战略内涵，也不足以充分深入了解家族涉入对企业战略的影响（李晓翔，2013），只有同时研究家族涉入对企业研发投资、国际化及多元化战略的影响才能透彻全面地了解家族涉入对其战略的影响。（Boumgarden，2012）

2.4.2 国内的相关文献

国内对家族涉入对战略的研究相对较少，而且大都聚焦于企业战略变革及战略调整。仅有张远飞等（2013）、连燕玲等（2014）及连燕玲、贺小刚等（2015）分析了业绩期望差距对家族企业战略变革（调整）的影响，而且研究结论都达成一致，即当家族企业的绩效未达预期出现期望差距时，家族战略变革（调整）的程度会更高。[1][2][3] 此外，张远飞等（2013）考察了企业内外部经营机制对家族企业战略变革的调节作用，发现如果家族企业绩效达到预期会表现得相对保守，不愿进行战略变革，但若创一代管理企业或企业所处的行业竞争比较激烈，会遏制家族企业这一"富则思安"行为。[4] 连燕玲、贺小刚、高皓（2014）基于企业行为理论分析了权力主体的人口统计特征对家族企业业绩期望差距与战略调整关系的调节效应，发现家族股东、非家族成员CEO会强化期望差距与战略变革的正向关系，因为当企业业绩变差时，家族股东由于持股比例高会损失更多，希望通过战略变革改善绩效的意愿和动机更强；而外部来源的CEO由于决策力度和行为自由度相对较高，与家族成员CEO受制于家族影响相比，其在企业绩效出现差距时，实施战略变

① 连燕玲, 贺小刚, 高皓. 业绩期望差距与企业战略调整[J]. 管理世界, 2014(11): 119-133.
② 连燕玲, 周兵, 贺小刚等. 经营期望、管理自主权与战略变革[J]. 经济研究, 2015, 50(8): 31-44.
③ 张远飞, 贺小刚, 连燕玲. "富则思安"吗?——基于中国民营上市公司的实证分析[J]. 管理世界, 2013(7): 130-144.
④ 张远飞, 贺小刚, 连燕玲. "富则思安"吗?——基于中国民营上市公司的实证分析[J]. 管理世界, 2013(7): 130-144.

革的动机和能力更高。[①]连燕玲、贺小刚等（2015）则基于高层梯队理论探讨了管理者自主权对二者关系的调节作用，发现家族企业管理层自主权力越高，如拥有更高的组织自主权或环境自主权，意味着有更高的决策权力和自由度，那么在出现经营期望差距时，管理者实施战略变革的程度越高。但管理者的制度自主权的缺失会限制其实施战略变革的程度和深度。[②]而赵晶、张书博、祝丽敏（2015）从代际传承的视角探讨了家族企业二代传承对其战略调整的影响，发现在代际传承的前后时间段内，家族战略选择更具差异性，实施战略变革的幅度更高，而且继承者的合法性越高，在企业内接受程度更高，意味着更高程度的战略变革。[③]综上可知，对于家族企业战略的研究侧重于家族经营内外部治理环境的影响，即认为家族企业的战略变革及调整幅度不仅受内部经营环境的影响，如企业绩效、家族管理者的自主权和决策力度等，还受企业外部环境的影响，如家族所处的行业竞争环境和制度环境等。但几乎没有学者探讨家族涉入对其战略变革或调整的影响。

对于家族企业的具体战略，探讨家族涉入影响的也是少之又少。首先来看家族企业的研发创新，目前仅有严若森和叶云龙（2014）以SEW为理论基础，分析了家族涉入所有权和家族成员在管理层任职对其研发投资的不同影响，研究表明家族持股比例越高，投资视野越长远，越会推动企业增加R&D投入；相反，家族成员在管理层涉入程度越高，受家族资源和高管能力的限制，越会规避风险，减少研发投入。[④]吴炳德和陈凌（2014）、吴炳德等（2016）则分别探讨了家族治理和家族关系对其研发创新的影响，家族治理

① 连燕玲, 贺小刚, 高皓. 业绩期望差距与企业战略调整[J]. 管理世界, 2014(11): 119-133.

② 连燕玲, 周兵, 贺小刚等. 经营期望、管理自主权与战略变革[J]. 经济研究, 2015, 50(8): 31-44.

③ 赵晶, 张书博, 祝丽敏. 传承人合法性对家族企业战略变革的影响[J]. 中国工业经济, 2015(8): 130-144.

④ 严若森, 叶云龙. 家族所有权、家族管理涉入与企业 R&D 投入水平——基于社会情感财富的分析视角[J]. 经济管理, 2014, 36(12): 51-61.

的研究表明，与非家族企业相比，家族企业的研发强度普遍较低；[①]而家族关系的研究表明，家族适应力越强，研发创新力度越大，但家族凝聚力对研发创新的影响呈先上升后下降的倒U形关系，[②]与严若森和叶云龙（2014）的线性关系略有不同。可见，对家族涉入的度量不同及家族涉入的内涵不同会显著影响实证研究结论。此外，陈凌和陈华丽（2014）、朱沆等（2015）分别探讨了家族涉入对企业慈善捐赠行为的影响和家族涉入管理层对职业人的心里所有权的影响，研究表明家族涉入与慈善捐赠呈显著正向关系；[③]而家族成员在管理层任职，通过工作增加与职业经理人的亲密度，利于提高非家族成员经理人员对家族企业的心理所有权，通过提高其归属感激励经理人。[④]这两项研究表明，家族涉入企业会影响企业的战略选择和企业行为，但也表明国内对家族企业研发投资的研究相对较少，仅仅局限于有限的几个学者，且研究结论各异。

对于家族企业的国际化战略，国内仅有少数学者予以探讨。李新春等（2013）以综述的形式，分析了创业、传承对家族企业国际化的影响。[⑤]张玉明等（2015）依托资源基础理论和SEW理论等，实证检验了国际化战略对家族涉入与研发的调节效应，研究发现家族企业国际化通过开拓新的国际市场，有利于减弱家族涉入对研发的负相关关系。[⑥]贺小刚等（2015）则探究

---

① 吴炳德, 陈凌. 社会情感财富与研发投资组合: 家族治理的影响[J]. 科学学研究, 2014, 32(8): 1233-1241.

② 陈士慧, 吴炳德, 窦军生等. 家族关系如何影响企业创新?——对创新中不可忽视的 "家族力量" 的检验[J]. 科学学研究, 2016, 34(5): 793-800.

③ 陈凌, 陈华丽. 家族涉入、社会情感财富与企业慈善捐赠行为——基于全国私营企业调查的实证研究[J]. 管理世界, 2014(8): 90-101.

④ 朱沆, 韩晓燕, 黄婷. 家族涉入管理与私营企业职业经理的心理所有权——基于 "我们" 意识的新理论解释术[J]. 南开管理评论, 2015, 18(4): 4-14.

⑤ 李新春, 李炜文, 朱沆. 创业、传承与家族企业国际化——第八届创业与家族企业国际研讨会会议综述[J]. 管理世界, 2013(1): 168-171.

⑥ 张玉明, 李荣, 闵亦杰. 家族涉入、多元化战略与企业研发投资[J]. 科技进步与对策, 2015(23): 72-77.

了企业绩效对国际化的影响，结果表明当家族企业绩效下滑时，家族股东为避免更大程度的损失，表现得更具变革和冒险精神，家族实施国际化战略的动机更强。[①]可见，国内有关家族涉入影响企业国际化的研究比较匮乏，且实证研究较少，虽有实证研究但也局限于对家族企业的一般定义，没有深入分析家族涉入具体层面对其国际化的影响，但同时也表明企业绩效及研发是影响家族企业国际化战略的影响因素。

在多元化战略方面，仅有李新春等（2016）分析了家族二代的个人特征对多元化战略的影响，及企业内部经营环境对二者关系的调节效应。研究表明，若家族二代具有MBA学位，会促使其实施多元化，而且当家族企业业绩未达预期时，家族二代实施多元化摆脱困境的意愿会更加强烈。[②]而梁强等（2016）以社会认同理论为基础，实证检验了家族二代对多元化战略决策机制的影响，研究表明二代对多元化战略的正向或负向影响取决于家族企业的类型，即如果家族企业属于制造型企业，那么二代任职会促进家族多元化水平的提高；相反，若家族企业是非制造型企业，二代任职会阻碍家族多元化战略的实施。而且二代的教育背景及海外经历也会影响其对多元化战略的选择。[③]可见，国内对家族企业多元化的探讨局限于家族二代的影响，目前尚无学者探讨家族涉入对其多元化战略的选择和决策，但同时也表明家族成员的任职及企业业绩会影响企业多元化战略的实施。

由上可知，国内研究家族涉入对企业战略影响的相对较少，宏观上仅有贺小刚等（2015）、赵晶等（2015）研究了业绩期望差距、代际传承对家族企业战略变革的影响。但战略变革与战略是不同的，战略变革是指企业面

---

① 葛菲, 贺小刚, 吕斐斐. 组织下滑与国际化选择: 产权与治理的调节效应研究[J]. 经济管理, 2015(6): 43-55.

② 李新春, 张鹏翔, 叶文平. 家族二代认知差异与企业多元化战略调整——基于中国上市家族企业二代进入样本的实证研究[J]. 中山大学学报(社会科学版), 2016, 56(3): 183-193.

③ 梁强, 周莉, 邹立凯. 二代自主权与家族企业多元化战略: 能力禀赋的调节效应[J]. 外国经济与管理, 2016, 38(7): 24-40.

临经营环境的重大变化或经营管理的重大失败，企业为了谋求未来的生存和发展，彻底摒弃原来的战略逻辑和框架，从根本上重新制定企业战略的行为。①而文中用研发投入、广告费用及固定资产投入等战略资源的年度波动率来度量战略变革，仅涉及企业经营层面的资源分配，未涉及公司层面的具体战略，在中国家族企业面临战略转型的背景下，不深入探讨家族企业的具体战略显然是有失偏颇的。而对于家族企业的具体战略，研发投资方面仅有严若森和叶云龙（2014）研究了家族涉入所有权层和管理层对企业R&D投资的不同影响，其他则是从家族关系和家族治理方面分析其对研发投资的影响，并没有涉及具体家族涉入维度。虽有学者探讨了家族涉入的影响，但并非对企业战略的影响，而是对企业慈善捐赠、非家族成员职业经理人的心理所有权的影响等。对于家族企业的国际化和多元化，仅有李新春等（2013）、贺小刚等（2015）、张玉明等（2015）探讨了家族企业创业、传承及家族涉入与国际化的关系；李新春等（2016）、梁强等（2016）探讨了家族二代对企业多元化战略调整的影响。可见，国内有关家族涉入对企业战略的研究相对较少，尤其中国家族企业正面临内外部环境的深刻变化，需要通过研发增强核心竞争力，也需要通过国际化开拓新的市场和资源，更需要通过多元化分散风险，实现可持续发展。因此，仅仅研究研发、国际化及多元化中的一面，不足以充分全面地了解转型背景下家族涉入对中国家族企业战略的影响，这为本书的研究提供了契机。

2.5 家族涉入影响企业战略的相关理论

家族企业理论应当能够解释家族企业与非家族企业之间的差异，同时也能解释不同类型的家族企业之间的差异。家族涉入对企业战略是否有显著影响，以及家族涉入为什么会对企业战略产生影响？国内外的学者解释的主要

---

① 芮明杰, 胡金星, 张良森. 企业战略转型中组织学习的效用分析[J]. 研究与发展管理, 2005, 17(2): 99-104.

理论包括五类：社会情感财富理论、高层梯队理论、行为代理理论、代理理论和资源基础理论。

2.5.1 社会情感财富理论

社会情感财富概念由Gomez‑Mejia等（2007）首次正式提出，是指家族企业不仅追求经济目标，还追求创造社会情感财富（social emotional wealth，SEW）的非经济目标，如施加家族影响的能力、家族声誉、家族王朝的永垂不朽以及以利他主义对待家族成员的机会等，来满足家族企业的情感需求（Gomez‑Mejia，2010；Núñez–Nickel et al.，2007）。[1][2]而家族涉入是SEW的前提，Gomez‑Mejia等（2007）认为社会情感财富是家族凭借其在所有权层涉入和治理层涉入从企业中获得的非经济收益，即他们认为家族通过在企业持股及在家族企业的任职，将家族目标和价值观融进企业，且在进行战略决策时以保护和增强家族SEW为决策参照点，如果一项决策会危及社会情感财富，家族会尽量规避这一战略，也就是说家族涉入赋予家族塑造企业目标、战略和行为的权力与合法性。因此，社会情感财富理论认为家族涉入程度影响到家族对SEW的保护力度，一般而言，家族在企业涉入程度越高，其保护SEW的动机越强。这带来的直接后果就是，当投资决策影响社会情感财富的保护时，家族可能会做出并非由经济目标驱动的决定，即当一项投资决策危及SEW时，即使该项投资利于提高企业的经济效益，但为了避免社会情感财富的损失，涉入程度高的家族企业依然会规避这种战略，尽管规避后可能增加企业的经营风险。心理学家通过对家族企业的创业者进行访谈发现，家族企业在做战略决策时，通常以保护和增强SEW为首要决策参照点，

---

[1] Gómez-Mejía L R, Haynes K T, Núñez-Nickel M, Jacobson K J, Moyano-Fuentes J. Socioemotional wealth and business risks in family-controlled firms: Evidence from Spanish olive oil mills[J]. Administrative Science Quarterly, 2007, 52(1): 106-137.

[2] Gomez-Mejia L R, Makri M, Kintana M L. Diversification decisions in family-controlled firms[J]. Journal of Management Studies, 2010, 47(2): 223-252.

为了满足家族社会情感需求，与非家族企业相比，家族企业具有更高的差绩容忍度。而且实证研究发现，与非家族企业相比，家族企业在做经营决策时更倾向于规避风险，因而较少投资于风险高的研发投资、多元化及国际化战略。①Gomez - Mejia等（2007）的研究也证实了这一点，其通过比较分析西班牙家族控制和非家族控制的橄榄油厂，发现家族控制的橄榄油厂加入合作社的可能性仅为非家族企业的1/3，尽管加入合作社带来较高的经济收益。但家族为保护控制权等社会情感财富，会避免加入合作社，因为加入合作社会危及家族控制权、损害SEW。Gomez - Mejia等（2010）也发现家族企业高管为避免社会情感财富的损失，较少进行行业合作，较少开展多元化。②

综上所述，家族涉入程度影响家族对SEW的保护，而家族对SEW的保护影响其战略决策和战略选择。

2.5.2 高层梯队理论

高层梯队理论也称为高阶管理理论，是Hambrick和Mason于1984年正式提出的，该理论的基本思想是企业的战略是高管认知结构和价值观的反映。其与SEW理论侧重家族非经济目标的追求不同，高层梯队理论侧重从高管特质来分析企业战略，即认为由于企业所处环境的复杂性和变幻性，管理者不可能全面了解组织环境，这导致高管只对进入其视野的内容进行观察，从而做出战略决策。而高管的视野范围及对进入视野内容的感知与企业高管的人口特征、认知能力及价值观息息相关（Hambrick&Mason，1984）。③这表明高管个人特质影响他们的战略决策，进而影响组织行为。Finkelstein和

---

① Becker G S, Becker G S. A Treatise on the Family[M]. Cambridge: Harvard University Press, 2009.

② Gomez-Mejia L R, Makri M, Kintana M L. Diversification decisions in family-controlled firms[J]. Journal of Management Studies, 2010, 47(2): 223-252.

③ Hambrick D C, Mason P A. Upper echelons: The organization as a reflection of its top managers[J]. Academy of Management Review 1984, 9(2): 193-206.

Hambrick（1990）发现当高管的决策力比较强时，高管的个人倾向对企业的战略决策更为显著，高管个人风险的偏好就会反映在企业战略决策里，最终影响企业投资行为。[①]Papadakis和Barwise等（2002）的研究也表明，高管的个人倾向影响战略决策，进而影响企业行为。[②]家族企业高管的最大特点是其既可能有家族成员又可能有非家族成员，而家族成员由于受家族价值观、家族文化及家族目标的影响，其在做决策时参照点与非家族成员的可能是不同的，而且若家族成员任职比例高了，将会显著影响其战略选择。Lubatkin等（2006）发现家族企业决策通常是很集中的，高管团队规模也比较小，家族CEO的决策倾向将显著影响企业战略决策。[③]也有研究表明，家族在企业所有权层和治理层的涉入程度，反映了家族在企业中的权力和影响力，如果家族所有权涉入程度较高或家族成员在高管团队任职比例较高时，家族高管受制于家族非经济目标的追求，如保护家族福利等，在进行战略决策时会规避风险，降低其对环境的判断力；相反，如果家族在所有权层和治理层涉入程度较低时，其对SEW关注就会降低，高管的风险规避程度会降低，战略决策力会提高（Kraiczy，2015）。[④]这表明家族在企业涉入程度影响家族高管的价值判断，家族高管的个人特质和家族价值观进一步影响其战略选择。可见，高层梯队理论与社会情感财富理论可以共同解释家族高管的战略决策。

① Finkelstein S, Hambrick D C. Top-management-team tenure and organizational outcomes: The moderating role of managerial discretion[J]. Administrative Science Quarterly 1990: 484-503.
② Papadakis V M, Barwise P. How much do CEOs and top managers matter in strategic decision-making? [J]British Journal of Management, 2002, 13(1): 83-95.
③ Lubatkin M H, Simsek Z, Ling Y, Veiga J F. Ambidexterity and performance in small-to medium-sized firms: The pivotal role of top management team behavioral integration[J]. Journal of Management, 2006, 32(5): 646-672.
④ Kraiczy N D, Hack A, Kellermanns F W. What Makes a Family Firm Innovative? CEO Risk-Taking Propensity and the Organizational Context of Family Firms[J]. Journal of Product Innovation Management, 2015, 32(3): 334-348.

2.5.3行为代理理论

传统的委托代理理论假定代理人的风险偏好是风险规避型或是风险中性（Williamson，1963），[1]但是这种将决策主体的风险偏好视为固定不变的观点，忽视了决策者可能存在的风险寻求行为，降低了代理理论对管理层风险行为的解释力（Coffee，1986；Hoskisson et al.，1993）。[2][3]为弥补代理理论的局限性，Wiseman和Gomez-Mejia（1988）依托前景理论和委托代理理论，同时将行为决策理论的风险观融入企业委托代理关系中，从而建立管理层风险决策行为的行为代理模型。[4]行为代理模型认为管理层的风险偏好并不是固定不变的，而是取决于问题框架和风险规避。风险规避是指与获取收益相比个体更关注避免损失；问题框架是指选择时从损失或收益的角度考虑，通常与当前资产的禀赋相关，[5]在家族企业里则与社会情感财富相关。而问题框架会受到选择呈现方式的影响，[6]当选择是面对消极负面的环境做出时，如感觉到企业当前的战略选择可能会造成一定程度的损失，那么个体可能会选择投资于风险高的项目，即使这个项目的预期收益甚微。而当选择是在积极正面的环境下做出时，个体则很典型地规避风险，选择稳健、收益相对较少的项目。应用到家族企业里，行为代理理论认为家族在进行战略决策时以保护和增强SEW为决策参照点，如果投资或商业机会不会威胁SEW，家族所

---

① Williamson O E. Managerial discretion and business behavior[J]. The American Economic Review 1963, 53(5): 1032-1057.

② Coffee J C. Shareholders versus managers: The strain in the corporate web[J]. Michigan Law Review 1986, 85(1): 1-109.

③ Hoskisson R E, Hitt M A, Hill C W. Managerial incentives and investment in R&D in large multiproduct firms[J]. Organization Science, 1993, 4(2): 325-341.

④ Wiseman R M, Gomez-Mejia L R. A behavioral agency model of managerial risk taking[J]. Academy of Management Review, 1998, 23(1): 133-153.

⑤ Kahneman D, Tversky A. Prospect theory: An analysis of decision under risk[J]. Econometrica: Journal of the Econometric Society, 1979, 47(2): 263-291.

⑥ Tversky A, Kahneman D. Rational choice and the framing of decisions[J]. Journal of Business, 1986: S251-S278.

有者和管理者为避免社会情感财富损失会表现得厌恶风险；而当SEW面临威胁时，他们又会变得偏好风险甚至寻求风险。[①]已有研究证实，随着家族企业业绩变差，为避免SEW和经济福利的双重损失，西班牙橄榄油工厂会更有可能加入合作社，即使这样做会损失SEW。Chrisman和Patel（2012）研究发现，随着家族企业业绩变差，对SEW的保护降到次要地位，家族会变得更加以经济目标为导向，增加研发投资，提高核心竞争力以渡过难关。[②]可见，家族企业并不总是把SEW的保护放在首位，也并不一直是风险规避的，而是根据外部环境的变化改变风险偏好和投资决策，选择对其长远发展有利的战略选择，弥补了社会情感财富理论对SEW关注的单一性，有利于解释家族的特殊情境下的行为选择。

2.5.4代理理论

Jensen&Meckling（1976）认为代理问题的产生源于所有权与经营权的分离，并将由此产生的代理成本总和定义为：委托人监督费用支出、代理人的保证支出和剩余损失。因此，他们认为两权分离度低的家族企业，代理成本低，在决策时可能更具长远视野，价值更高。[③]如严若森和叶云龙（2014）发现家族在所有权层面涉入程度越高，越会增加有利于提高其核心竞争力的研发创新投入。但也有学者认为企业所有制和治理结构影响其风险承担水平，随着家族管理层持股比例的增加，虽然减少了代理问题，但家族管理层可能会为避免其在企业中的财富损失而变得厌恶风险（Basu&Paeglis，

---

① Wiseman R M, Gomez-Mejia L R. A behavioral agency model of Managerial Risk taking[J]. Academy of Management Review, 1998, 23(1): 133-153.

② Chrisman J J, Patel P C. Variations in R&D investments of family and non-family firms: Behavioral agency and myopic loss aversion perspectives[J]. Academy of Management Journal, 2012, 55(4): 976-997.

③ Jensen M C, Meckling W H. Theory of the firm: Managerial behavior, agency costs and ownership structure[J]. Journal of Financial Economics, 1976, 3(4): 305-360.

2009；Mishra&Mcconaughy，1999），[①][②]导致其战略决策保守和战略惰性（Fama，1980；Fama&Jensen，1983；Beatty&Zajac，1994；Chandler，1990）。[③][④][⑤][⑥]Gedajlovic（2015）研究发现，与非家族企业相比，家族企业持股比例越高，为保护其控制权和社会情感财富，较少进行多元化和国际化战略。可见，家族所有权与控制权合一，对企业战略决策的影响是把双刃剑。但Jensen&Meckling（1976）只是关注了传统的委托代理问题，也称为第一类代理问题。La Porta等（1999）认为，家族企业除了存在第一类代理问题外，还存在第二类代理问题，即控制性家族与少数股东的利益冲突。[⑦]虽然家族所有者与管理者合一，降低了第一类代理成本，但家族两权分离度高，家族高管受到外部监督较少，可能会牺牲小股东利益，攫取企业资源用于私人收益（Salvato&Moores，2010），[⑧]如在职消费，利用企业的资源用于家族少部分人的福利等堑壕行为，这导致家族在研发、国际化及多元化投资资源的匮乏，Schmid和Ampenberger（2015）以德国家族企业为样本，发现家族涉

---

① Basu N, Dimitrova L, Paeglis I. Family control and dilution in mergers[J]. Journal of Banking & Finance, 2009, 33(5): 829-841.

② Mishra C S, Mcconaughy D L. Founding family control and capital structure: The risk of loss of control and the aversion to debt[J]. Entrepreneurship: Theory and Practice, 1999, 23(4): 53-53.

③ Fama E F. Agency Problems and the Theory of the Firm[J]. The Journal of Political Economy, 1980: 288-307.

④ Fama E F, Jensen M C. Separation of ownership and control[J]. The Journal of Law & Economics, 1983, 26(2): 301-325.

⑤ Boatty R, St Zajac E. Managerial incentives, mon-itoring, and risk-bearing: A study of executive compensation, ownership, and board structure in initial public offerings[J]. Administrative Science Quarterly, 1994(39): 313-335.

⑥ Chandler A D, Hikino T, Chandler A D. Scale and scope: The dynamics of industrial capitalism[M]. Cambridge: Harvard University Press, 2009.

⑦ La Porta R, Lopez-De-Silanes F, Shleifer A. Corporate ownership around the world[J]. The Journal of Finance, 1999, 54(2): 471-517.

⑧ Salvato C, Moores K. Research on accounting in family firms: Past accomplishments and future challenges[J]. Family Business Review, 2010, 23(3): 193-215.

入管理层不利于企业多元化。此外，家族企业两权合一使得家族高管较少受到来自外部投资者的监督和压力（Carney，2005），[1]导致高管容易产生惰性而厌恶风险、不愿意实施高不确定性的多元化和国际化战略（Hill&Snell，1988）。[2]Fama和Jensen（1983）研究也证实，与其他公开上市的企业相比，家族企业倾向于规避风险，选择低风险水平的投资。[3]综上，家族涉入企业，既存在第一类代理问题，也存在第二类代理问题，只是在家族企业中，第二类代理问题可能更为严重，由此，给企业的战略决策的影响也是不同的。

2.5.5 资源基础理论

资源基础观（Resource Based View，RBV）由沃纳菲尔特（Wernerfelt）于1984年正式提出，他认为企业内部的组织能力、资源和经验积累是企业战略决策和维持竞争优势的关键。[4]Barney（1991）也认为给企业带来竞争优势的资源具有稀缺性、独特性、不可交易性及难以模仿等特性。[5]Sirmon和Hitt（2003）将RBV引入家族企业，认为家族涉入企业可以带来5个方面独特的资源：人力资本、社会资本、耐心资本、生存能力资本和独特的治理结构。[6]家族涉入企业带来的人力资本、社会资本有利于形成家族特有的知识、经验，提高家族成员的亲密度，从而降低企业内部的交易成本，提高家

---

① Carney M. Corporate governance and competitive advantage in family-controlled firms[J]. Entrepreneurship Theory and Practice, 2005, 29(3): 249-265.

② Hill C W, Snell S A. External control, corporate strategy, and firm performance in research-intensive industries[J]. Strategic Management Journal, 1988, 9(6): 577-590.

③ Fama E F, Jensen M C. Separation of ownership and control[J]. The Journal of Law & Economics, 1983, 26(2): 301-325.

④ Wernerfelt B. A resource-based view of the firm[J]. Strategic Management Journal, 1984, 5(2): 171-180.

⑤ Barney J. Firm resources and sustained competitive advantage[J]. Journal of Management, 1991, 17(1): 99-120.

⑥ Ireland R D, Hitt M A, Sirmon D G. A model of strategic entrepreneurship: The construct and its dimensions[J]. Journal of Management, 2003, 29(6): 963-989.

族福利；而家族的耐心资本、生存能力资本和由此形成的独特治理结构，有利于培养家族成员执着的奉献精神和对企业的长期承诺，这种资本能够帮助企业度过艰难的困境，并推动家族企业战略趋向长期导向。已有研究证实，家族涉入程度越高，越能充分发挥家族资源优势，家族会延长其投资评估周期，加大研发投资和提高多元化水平，以实现可持续发展。[①②] 由上知，与代理理论主要关注家族控制带来的交易和代理成本的升降不同，RBV 超越了降低成本这个狭隘的范畴来讨论家族企业的优劣势，把家族涉入对企业行为的影响从成本角度转变为价值创造的角度，为解释家族企业战略行为提供了一种崭新的视角。但也应看到，资源基础理论也有其边界，家族在企业涉入程度过高带来优势的同时也有其缺点，如家族成员在管理层任职比例过高，缺乏对非家族成员等优秀高管的吸引力，最终导致其高管智库匮乏，而这可能影响其做出理性战略选择，成为家族企业发展的桎梏。Block 等（2013）发现家族成员在所有权涉入与管理层涉入与收到的专利引用数量负相关，说明家族涉入企业阻碍了其创新能力的提高。[③] 可见，家族特殊的资源会显著影响其投资决策和战略选择，家族如何充分发挥其资源优势取决于其发展阶段和特殊环境，家族应该扬长避短，合理利用其资源优势才能实现长远发展。

综上所述，家族涉入企业既给企业带来了特殊的资源，利于家族实现家族福利和代际传承等 SEW 的追求，有助于家族企业追求长期导向的战略；同时，家族在企业所有权层和治理层涉入又带来不利的影响，如家族高管受

---

① Schmid T, Ampenberger M, Kaserer C, et al. Family Firm Heterogeneity and Corporate Policy: Evidence from Diversification Decisions[J]. Corporate Governance: An International Review, 2015, 23(3): 285-302.

② 朱沆，周影辉. 社会情感财富抑制了中国家族企业的创新投入吗?[J]. 管理世界, 2016, (3): 99-114.

③ Block J, Miller D, Jaskiewicz P, Spiegel F. Economic and Technological Importance of Innovations in Large Family and Founder Firms: An Analysis of Patent Data[J]. Family Business Review, 2013, 26(2): 180-199.

制于家族特质为保护SEW，或由于两权合一受到外部投资者的监督较少带来的代理问题，或由于家族高管智库的匮乏引起的能力不足，又可能使得家族高管规避风险，经营战略趋向保守。此外，企业都是处于特定的环境中，当外部环境发生变化时，正如行为代理理论所解释的那样，家族企业为实现可持续发展，也会调整战略以适应环境变化。[①]因此，SEW理论、高层梯队理论、代理理论、行为代理理论和资源基础理论，看似各不相同，实则在解释家族涉入对企业行为的影响时是内在统一的，因此，笔者以这5个理论作为探究家族涉入企业战略影响的理论基础。

2.6 本章小结

本章对家族企业及家族涉入的定义给出了清晰的界定，并阐述了家族涉入影响企业战略的理论基础，为后续实证研究奠定了坚实的基础，同时，对家族涉入影响企业战略的国内外研究文献进行了述评。由以上文献研究知，国外对家族涉入影响企业战略的研究成果较为丰富，既有宏观层面的企业战略的影响因素研究，又有家族涉入影响战略具体层面的研究，如家族涉入对研发投资、国际化及多元化的影响，但也很容易看到各学者的研究结论并不一致，且研究样本以欧美发达国家为主，究其原因可能是研究样本差异、家族涉入及企业战略的定义和度量差异。与国外相比，国内学者对家族企业战略的研究虽然以中国家族企业为样本，但多为家族企业战略变革及调整的研究，有关家族研发、多元化及国际化的研究比较匮乏，而且大都局限于二代传承及家族创业的影响，鲜有学者探讨家族涉入对企业战略的影响。

因此，为解决上述问题，本书首先对家族企业和家族涉入给出清晰的定义，尤其是为克服家族涉入度量粗犷问题，笔者手工搜集家族涉入的详细数据，将家族涉入分为所有权层涉入和治理层涉入，所有权层涉入进一步分为

---

① Wiseman R M, Gomez-Mejia L R. A behavioral agency model of managerial risk taking[J]. Academy of management Review, 1998, 23(1): 133-153.

控制权涉入、现金流权涉入和两权分离度;而家族在治理层涉入则从家族涉入决策层、管理层和监督层这几个方面来考察。其次,以此为基础,研究家族涉入对中国家族企业战略的影响,既丰富了研究样本,提供新兴经济体国家的实证证据,又避免了家族涉入衡量过于单一对研究结论的影响。再次,为了深入考察家族涉入对企业战略的影响,本书将企业战略定义为研发投资、多元化和国际化,避免了战略衡量的片面性。最后,由于企业总是处于特定的环境中,并且需要适应环境制定或调整战略,因此,本书进一步分析了当家族处于业绩困境和环境不确定性时,外部环境对家族涉入与企业战略的调节效应。

3　家族涉入影响企业战略的机制及度量

3.1家族涉入影响企业战略的机制

家族企业作为一种特殊的治理模式，是家族与企业的集合体，家族涉入成为家族企业区别于非家族企业的最大特点和本质特征，因而要研究家族企业的战略不可不考虑家族涉入对企业战略的影响。对于家族涉入的内涵，如上一章节所阐述的，学者们各持己见。但不论家族涉入定义为所有权层、管理层、决策层抑或治理层，归纳起来，都可划分为家族在所有权层面的涉入和家族在治理层层面的涉入，所有权强调家族的持股比例，治理层则偏重家族的特殊治理模式，包含家族对企业的决策、管理及监督。因此，笔者借鉴以前学者的定义，将家族涉入定义为家族在所有权层的涉入与治理层的涉入，然后再在所有权层面和治理层层面详细分类，在此基础上深入分析家族涉入对企业战略的影响。

何谓战略？由前述知，战略作为动态协调组织和客观环境之间适应性关系的有机系统，是组织根据拥有的资源及所处的环境做出的关于未来长远发展的决策，它具有全局性和长期性特点，关系到企业未来发展方向和发展道路。从公司层面看，企业战略可分为4类：加强型战略、一体化战略、多元化战略和防御性战略。加强型战略是指通过市场渗透、产品研发及技术创新等扩大企业规模，提高其在现有行业中的竞争地位，如企业研发和国际化战略。一体化战略是基于对行业前景的看好，通过加大对产业链的控制、降低成本来提升核心竞争力。多元化战略是指企业通过相关多元化或非相关多元化，开展多元业务以分散经营风险，达到"东边不亮西边亮"的效果。防御性战略亦称"防守型战略"，是指企业为保持现状或对可能损害企业竞争优势和盈利能力的事件的发生做出反应的战略，一般包括紧缩、剥离、清算等。而实践中企业具体会采取何种战略，并不是企业自己决定的，而是综合考虑企业内外部资源，根据变化的环境做出的。由于我国大部分家族企业起步于社会主义初级阶段，处在我国从计划经济向市场经济转化的时期，在这一时期，市场存在巨大的空白。我国家族企业也多集中于以劳动密集为特征的行业，虽然技术含量低，产品附加价值不高，但利润丰厚。然而，随着中国市场化经济体制、产业结构的完善及经济增长方式的转变，计划经济体制时期的短缺经济特征已经基本消失，如何满足买方市场需求以占领市场是当前我国企业普遍需要考虑的问题，中国家族企业粗放型的经营模式也面临着严峻的挑战。而且随着我国加入WTO及世界经济一体化的迅速发展，中国的企业和经济也都参与世界性竞争之中，家族企业也不例外，其面临的竞争更为激烈，发展平台也更为广阔，可谓机会与挑战并存。而且中国家族企业经过前期发展，现在大都进入成熟期，其未来发展战略也应该有所变化。显然，面临如此深刻的内外部环境变化，如何进行战略转型以转变经济增长方式和实现可持续发展，是当前中国家族企业亟待解决的问题和难题。

但是，不管家族企业碰到多大的挑战，企业的发展需要更多地转向依靠创新能力驱动的发展模式已经是不言自明的事实。因为研发创新是家族企业存活和成长的关键战略，研发投资不仅可以帮助家族企业提高产品质量、降低经营成本、转变经济增长方式来获得经济效益，而且利于提高家族企业的核心竞争力、增强市场地位，使企业更好地适应快速变化的外部环境。而且从宏观环境看，包括家族企业在内的民营企业在过去30多年的发展中主要得利于人口红利和制度红利（厉以宁，2012），[①]但是随着近年来中国经济增长的放缓和人口、制度等红利的消失及全球化竞争的日益激烈，将目光投向国际利用全球的资源发展已成为家族企业的共识，如福耀玻璃为降低成本将新厂址建在美国。而且

---

① 厉以宁. 经济发展的优势[J]. 中国流通经济, 2012, 26(12): 65-68.

家族企业获得进入国际市场发展的机会，对提升家族企业对外来市场竞争力量的抗御能力有积极的作用，因此，国际化是家族企业转型升级的必然选择。此外，经过前期的积累，由初创期进入成熟期，家族企业拥有了一定的资本、技术和人员等方面的优势，主要任务是进一步发展强大，而多元化可以帮助企业扩大规模、分散风险，实现规模效益。综上，家族企业要想成功实现企业转型、规模扩张和可持续发展，不仅需要通过研发投资提高核心竞争力转变经济增长方式，通过国际化开拓国际市场空间、整合全球范围资源以应对全球化竞争；同时需要通过多元化来分散风险，从而达到"东边不亮西边亮"的效果。因此，笔者选择研发投资、国际化及多元化作为家族企业战略的衡量因素。

那么家族涉入是如何影响企业战略的呢？由前面理论基础讨论可知，家族涉入企业所有权层及治理层，不仅带来特殊的资源，也包含家族对非经济目标SEW的追求及高层梯队独特的家族价值观和家族目标等，这使得家族企业在进行战略决策时，其战略决策参照点不同于非家族企业，因为家族涉入使得家族企业决策时并非仅仅以经济目标为决策基础，而是以保护SEW为首要目标。虽然研发投资利于增强企业的竞争力，国际化利于开拓新市场，多元化利于分散风险，但是不是所有家族企业都会选择增加研发投入，实施国际化和多元化战略呢？这是不确定的，因为家族在所有权层及治理层的涉入程度不同，其对风险的考量、对SEW等家族目标的保护力度及对资源的获取等都是不同的，而这最终会影响其对战略的选择，导致即使同为家族企业，战略选择也是不同的，甚至差异巨大。具体而言，家族在所有权层涉入过高，意味着家族财富集中于企业里，这可能带来两方面的影响，一是家族持股比例越高、控制权越高，家族希望将财富传承给后代的意愿往往越强，那么其决策时可能坚持长期导向，从而促使其决策长远，投资于利于增强其核心竞争的研发创新、国际化及利于分散风险的多元化等领域；二是家族也可能做出截然相反的选择，因为尽管研发、国际化和多元化利于开拓新的市场及产品，但其风险和不确定性可能会危及家族生存和家族福利等SEW，家族为避免SEW损失也可能减少对研发、国际化及多元化的投资。同理，家族涉入治理层在决策层、管理层及监督层任职比例过高，也会带来两方面影响，一是家族成员任职比例高，所有者与管理者合一，可以降低第一类代理成本，减少因为非家族成员任职的短视行为带来的投资及价值损失，延长投资评估期，增强对研发、多元化及国际化的投资，以扩大规模、降低经营风险和提升长期竞争实力。二是家族成员过多也会导致家族高管智库匮乏，不能吸引外部优秀专业人才的加入，家族高管可能受制于其能力、经验等而不敢冒风险，不愿投资于研发创新等具有长期导向的投资；而且家族高管过多，受外部监督压力较小，其可能更多追求家族目标、利用在职便利侵害小股东利益等，这也影响家族的战略决策和资源分配，导致其更保守。此外，任何企业都处于特定的环境中，其战略决策的制定不仅考虑企业内外部资源，同时需要考虑其所处的环境，并且特定情况下可能依据环境变化做出调整。例如，面临业绩困境和环境不确定性较高时，家族是固守原有战略还是变通以求生存？行为代理理论认为，家族在特定情境下，如在家族SEW已经损害的情况下，家族可能会变得偏好风险，改变原有的保守战略。因此，在我国家族企业面临战略转型的背景下，探讨家族涉入对企业战略的影响及外部环境对二者关系的调节效应，有重要的理论和现实意义。具体影响机制如下图3-1所示。

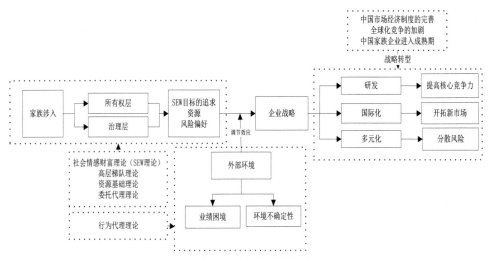

图3-1 家族涉入影响企业战略的机制图

此外，家族企业的研发、国际化及多元化战略是紧密联系的，只有同时考虑这3种战略，才有可能如实反映家族企业战略的内涵，从而全面考察家族涉入对其战略的影响。这是因为：

（1）研发关系到企业核心竞争力的提升和未来长远发展，家族企业要想获得持续竞争优势，在买方市场中立足，必须加大研发投入，提高自身创新能力和水平，方能满足不断变化的市场需求。而且中国加入WTO后，面对的是来自全球的竞争，只有通过研发创新，拥有自主知识产权和核心技术，才能在全球竞争中立于不败之地。另一方面，实施国际化战略更需要家族加大研发投入以开发新产品和新服务，因为国际化使得企业市场更多元，只有提高自身研发能力才能满足差异化需求，获取持续竞争优势。同时，国际化战略也能够为企业带来异质性的知识和文化，有利于推动家族企业提高研发创新水平。可见，家族企业只有把研发投资与国际化战略紧密结合，才能真正做强，家族企业也可以借此机会提高自身竞争力，实现产业结构的转型升级。

（2）任何行业都有其成长、成熟及衰退期，仅仅投资于单一行业是有风险的，而且中国家族企业大都进入成熟期，积累了一定的资本、经验及人力，为分散风险和充分利用企业的资源和能力，家族企业需要实施多元化战略，以实现可持续发展和基业长青。而且国际化后，虽然获得新的市场、资源及更多的发展机会，但也应看到家族企业会面临更为复杂的国内外环境，意味着更大的风险，而实施多元化经营可以避免"将所有的鸡蛋装在同一个篮子里"，真正达到分散潜在风险的目的。另一方面，多元化与国际化实际上是在不同维度的多元化发展，二者是密不可分的。多元化是在不同的业务领域寻求战略发展，而国际化则是通过利用国外市场的机会和市场的不完善性寻求战略的发展。国际化往往伴随着业务的多元化，家族企业在国际化过程中获得的资源、市场及积累的管理经验，可以推动企业多元化业务的开展，真正实现资源共享和规模收益。

（3）研发与多元化也是互相联系的，一方面家族企业在实施多元化经营时，需要分析本企业的核心竞争力，依靠研发投入培育主营业务突出的核心竞争领域，形成有核心竞争力的多元化经营，避免盲目的多元化可能带来的失败；另一方面，家族企业在实施多元化的过程中，可以更有效地整合资源，形成规模经济，且要满足不同行业及产品的需求，这也会促进企业研发创新水平的提高。综上，研发投资、国际化及多元化战略在家族企业发展过程中发挥着不同的作用，家族企业需要依靠研发形成核心竞争力，同时需要依靠国际化开拓新的市场，两者结合家族企业才能有效转变经济增长方式，实现做强的目的；另一方面，家族又需要实施多元化战略来分散仅投资于单一行业所带来的风险，实现产业结构转型升级，从而真正做大；这三者有效结合，家族企业才能够做强做大，推动战略转型，实现未来可持续发展和基业长青。三者关系如图3-2所示。

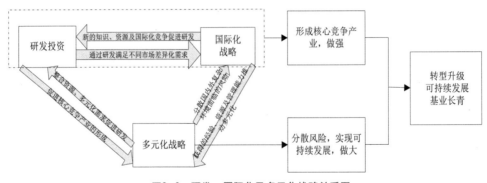

图3-2　研发、国际化及多元化战略关系图

3.2家族涉入的度量

由前述章节可知，国内外学者对家族涉入的定义及度量没有达成一致意见，而且对家族涉入的度量大都比较宽泛，往往只涉及家族涉入所有权层、管理层或治理层中的一个方面。实际情况是家族涉入往往不仅涉及其中一层，而是涉及多层且相互交织，所以仅仅将家族涉入定义为某个层面的涉

入，是有失偏颇的。此外，前人的研究大都将涉入的家族视为一个整体，从实际控制人角度予以度量，忽略了企业产权及管理权在家族成员中的分布。因此，笔者沿袭张俭（2013）对家族涉入的定义和度量，进一步将家族涉入分为两个大类：一是所有权层涉入，二是治理层涉入。[①]本节首先阐述家族及成员在所有权层面的涉入指标，包括家族控制权、家族现金流权及两权分离度；然后介绍家族成员在治理层任职的相关情况，包括家族涉入董事会决策层、管理层及监督层等。

3.2.1 家族所有权层涉入

由于CSMAR数据库的实际控制人资料并未列明家族成员的持股分布，而且上市公司年报披露的实际控制人的信息也没有包括家族成员，有的公司甚至在年报中隐瞒亲属关系，使得上市公司中家族控制权及现金流权被低估。因此，我们对家族企业的类型及实际控制人的标准进行了重新界定：①对大多数样本公司，以现金流权最多的人为主控制人；②对持有现金流权相同的共同控制人，以董事长为主控制人。同时，为详细而全面地度量整个家族在所有权层面的涉入程度，我们通过查阅中小板以及创业板所有家族上市公司的招股说明书及公司各年年报，统计了家族成员控制权及现金流权的分布情况。在此基础上，本书计算出以实际控制人为核心的整个家族在所有权层层面的涉入程度。详细定义如下：

本书界定家族在所有权层层面的涉入是一个广义的概念，包括实际控制人家族的表决权，以及获取现金流的权利。由于中国某些法律制度不够完善，家族往往通过金字塔式的结构来实现对企业的控制，这导致家族以少量的现金流权就可以得到较高比例的表决权。因此，笔者将家族在所有权层的涉入主要定义为3个方面：一是家族在现金流权的涉入，二是家族在控制权（亦称投票权或表决权）的涉入，三是控制权与现金流权的分离系数，即两

① 张俭. 家族涉入与家族企业价值[D]. 广州：暨南大学, 2013.

权分离度。

笔者引入La Porta（1999）的方法进行计算，[①]方法如下：

假设家族企业通过 m 条股权关系链控制上市公司，每条股权关系链中有 n 层，则家族控制权、现金流权及分离系数的定义如下：

（1）家族控制权= $\sum_{i=1}^{m}\prod_{j=1}^{n}(\alpha_{ij})$ ：首先，根据每个家族成员与上市公司股权关系链或若干股权关系链中最弱的一层或最弱的一层的总和计算出每个家族成员的控制权，然后对其加总计算出整个家族的控制权。

（2）家族现金流权= $\sum_{i=1}^{m}\prod_{j=1}^{n}(\alpha_{ij})$ ：首先，根据每个家族成员与上市公司股权关系链每层持有比例相乘或与上市公司股权关系链每层持有比例相乘之总和计算出家族成员的现金流权，然后对其加总计算出整个家族的现金流权。

（3）家族控制权与现金流权分离系数= $\dfrac{\sum_{i=1}^{m}min(\alpha_{i1},\alpha_{i2},\alpha_{i3}...\alpha_{in})}{\sum_{i=1}^{m}\prod_{j=1}^{n}(\alpha_{ij})}$ ：整个家族控制权与整个家族现金流权之比，这个变量数值越大，表示两者分离程度越高。

3.2.2 家族治理层涉入

家族在治理层的涉入主要从3个方面考虑，一是家族成员在企业董事会、高管层及监事会中的任职比例；二是家族成员在企业担任的职务；三是任职家族成员与家族实际控制人之间的亲缘关系。为深入分析家族涉入治理层对企业战略的影响，笔者将家族涉入治理层细分为3个方面：家族涉入决策层、家族涉入管理层及家族涉入监督层。但由于现有的数据库中虽已经收集了上市公司董监高中家族成员关系数据，但由于收录不全，很多家族成员

---

① La Porta R, Lopez-De-Silanes F, Shleifer A. Corporate ownership around the world[J]. The Journal of Finance, 1999, 54(2): 471-517.

的信息没有披露，如CSMAR数据库仅仅列示了家族实际控制人是否担任董事长或总经理的信息，显然不够全面。因此，为提高数据的可靠性和准确性，笔者通过查找公司上市招股说明书及董事会决议公告进行手工收集，并通过公开媒体的数据进行验证，收集了家族成员在董监高的任职情况。在此基础上，笔者计算出以实际控制人为核心的家族在治理层的涉入程度。详细定义如下：

家族涉入决策层：以家族成员在董事会任职比例度量，因为董事会的职责就是为企业的战略决策指明方向。

家族涉入管理层：采用两个指标度量，一是家族成员在董事会、监事会及高管层的涉入；二是家族仅在高管层的涉入。其中，高管层是指企业总经理、副总经理等。

家族涉入监督层：以家族成员在监事会的任职比例计算。因为监事会的主要职责就是监督企业高管的行为是否符合企业规定和股东利益。

3.3 家族企业战略的度量

良好的企业战略是企业成功的根本保证，关系到企业的生存和长远发展，本书将企业战略定义为研发投资、多元化和国际化。

3.3.1 研发投资

熊彼特认为创新代表新的技术、产品或新的组织形式，作为创造性破坏的永恒风暴，创新对社会经济的发展起着核心和关键性作用。而研发投资作为创新的投入来源，不仅是影响企业创新能力和水平的最主要因素，而且对企业的生存和经济社会的发展繁荣有着不可替代的价值和意义。从宏观层面看，创新作为研发投资的产出能够推动技术进步，而技术进步是经济发展的重要动力。研究已经证实，充分的R&D投入是美国经济飞速发展和技术创新的根本保障。从企业层面看，研发投资生产的新技术、产品及新知识为企业带来差异化和盈利的机遇，成为企业在激烈的市场竞争中取胜的关键（熊彼特，2009）。①可见，研发对宏观经济及企业的长远发展，都起着至关重要的作用，企业应重视研发投资和创新投入，家族企业也不例外。

然而，根据2010年全国工商联等对全国民营企业经营状况的抽样调查可知，家族企业虽是我国民营经济的主体，但其平均研发投入仅占企业销售收入的3.6%，且明显低于非家族企业的研发投资。此外，随着中国市场经济的发展完善和产业经济的转型升级，家族企业亟须通过研发投入来转变过去粗放型增长方式。因此，鉴于研发投资的重要性和家族企业战略转型升级的现实，将研发投资作为企业战略是必要的。

对于研发投资的度量，本书使用研发投入与销售收入之比来测量，与绝对的研发投入相比，研发销售收入比是对企业研发投资的更稳健测量。同时为提高结果的稳健性和可靠性，在稳健性检验中，本书以发明专利的自然对数替代研发投资进行检验，即RD=研发投入/销售收入，而Patent=ln（发明专利申请总数）。

3.3.2 国际化

国际化战略是指企业将产品及服务定位于海外的发展战略。国际产品生命周期理论认为国际化是企业基于自身优势和革新能力在海外进行扩张的结果，简言之，在初期，仅仅把国际化看作本国市场在海外的扩张；但随着国际市场需求的增加及运输成本的不断加重，企业继而在国外投资建厂，并逐步扩张到全球，最后实现全球化。一言以蔽之，国际化始于革新和出口，结于全球化。而国际化阶段理论认为，国际化是知识发展和学习的结果，国内企业通过海外扩张获得最新的经验及知识，为企业寻求崭新的发展空间和资源，从而减少国内市场的资源及知识屏障，降低国内环境不确定性带来的冲击。它认为国际化开始于出口，结束于知识和国外直接投资。但不论是国际化产品生命周期理论，还是国际化阶段理论，都表明国际化是企业发展到一

---

① 约瑟夫·熊彼特. 资本主义、社会主义与民主[M].吴良建，译. 北京: 商务印书馆, 1999:100-180.

定阶段，为寻求新的市场和资源，必然采取的一种发展战略。

随着中国企业实力的不断壮大以及国内市场的逐渐饱和，越来越多的中国企业也开始进行国际化经营。尤其是改革开放以来，国内劳动力成本的不断上升及制度红利的逐渐消失，有远见的企业家们纷纷在海外建厂，通过国际化经营在全球范围内整合优质资源，寻求增长机会，增强竞争力。家族企业作为民营经济的主体，国际化也是其进入成熟期后寻求可持续发展的必然选择，如何面对国际化战略中的不确定风险，进而在全球范围内整合资源，发挥核心竞争力，成为我国家族企业需要解决的难题。

对于国际化的度量，笔者采用学者们的通用做法，用企业海外销售额占总销售额的比重来度量，即FSTS=企业海外销售额/总销售额，其中，FSTS代表企业国际化程度。

3.3.3 多元化

Ansoff（1958）认为，多元化经营是企业发展到一定阶段，为寻求长远发展而采取的一种扩张行动。[①]学者们大多用资源基础论、市场势力论及风险分散论三种理论来解释企业多元化行为。资源基础论认为，当企业发展到一定阶段拥有冗余资源时，可以将剩余的经济资源和管理能力用于其他行业的扩展，以获取规模效益，此时，多元化就自然而然地形成。市场势力论认为，多元化战略可以帮助企业用其在某个业务领域的利润弥补其他行业的损失。由于实施多元化战略的企业大都较成熟，拥有较多的资源优势，因此可以通过在各领域中进行资源配置和平衡，来获取行业中的市场竞争优势。而风险分散论则认为，企业进行多元化经营的主要目的是分散企业风险，"不要把鸡蛋放在同一个篮子里"是其核心观点，这与市场势力论的损失弥补的观点有内在一致性。可见，多元化是企业发展到一定阶段后，或为获取规模效益，或为分散风险，而采取的一种战略，即多元化要与企业发展阶段相

---

① Ansoff H I. Strategies for diversification[J]. Harvard Business Review, 1957, 35(5): 113-124.

匹配。

在生命周期的不同阶段，家族企业也要选择与之相适应的发展战略。由于我国大部分家族企业由初创期进入成熟期，拥有了一定的资本、技术、知识等资源方面的优势，主要任务是对外扩张进一步发展壮大，以分散经营风险、获取规模收益，因此，多元化不失为家族企业转型阶段获得可持续发展的一个选择。

本书主要采用熵指数EI（Entropy Index）来度量企业多元化水平，计算公式为：$E = \sum_{i=1}^{n} P_i \ln(1/P_i)$。其中，$P_i$为行业$i$收入占主营业务收入的比重，$n$为采用三位行业代码所计算的公司业务行业数，多元化程度越高，该指数越高。

同时为提高结果的可靠性，本书重新计算多元化指标，即以2001年颁布的"国民经济行业分类与代码"为依据，按照制造业中前两位SIC码将产品划分为31类，采用调整的赫芬达尔指数（AH）衡量多元化程度，进行稳健性检验。

3.4本章小结

本章研究了两个问题：一是分析了家族涉入影响企业战略的机制；二是重新度量了家族涉入和企业战略。可以看出，家族企业因为家族在企业的涉入，其治理模式不同于非家族企业，并因此带来企业战略决策的不同，为后续章节的实证分析做了基本铺垫。

4　家族涉入与研发

研发投资作为对未来的投资，关系到企业的长远发展和核心竞争力的提升，很多企业将其从职能层战略上升到公司层战略高度，因此，本章首先分析家族涉入对其研发投资的影响。

自主创新是重要的国家战略，提高企业创新能力是企业转型升级战略的热门话题。已有研究发现，研发投入是企业创新的源泉，直接影响企业创新能否成功。研发投资作为衡量企业技术创新的重要指标和技术创新的核心环节，关系到企业核心竞争能力的提升和未来长远发展，是企业战略的重要组成部分。然而，根据2014年11月发布的《中国家族企业健康指数报告》显示，与全国民营企业平均水平相比，家族企业的研发强度普遍不足。而且国内外很多研究都发现，家族企业的研发投入普遍低于非家族企业（Chrisman和Patel，2012）。[1]对此，大部分学者给出的解释是家族企业社会情感财富阻碍了家族企业研发投入（Block，et al.，2013；吴炳德和陈凌，2014；朱沆和周影辉，2016）。[2][3][4]而学者们一直认为家族涉入是社会情感财富的前提和基础，家族涉入使得家族具有塑造企业目标、战略和行为的权力与合法性，相较非家族企业，家族在企业的所有权层、治理层层面的涉入，使得企

---

[1] Chrisman J J, Patel P C. Variations in R&D investments of family and non-family firms: Behavioral agency and myopic loss aversion perspectives[J]. Academy of Management Journal, 2012, 55(4): 976-997.

[2] Block J, Miller D, Jaskiewicz P, et al. Economic and Technological Importance of Innovations in Large Family and Founder Firms: An Analysis of Patent Data[J]. Family Business Review, 2013, 26(2): 180-199.

[3] 吴炳德, 陈凌. 社会情感财富与研发投资组合: 家族治理的影响[J]. 科学学研究, 2014, 32(8): 1233-1241.

[4] 朱沆, 周影辉. 社会情感财富抑制了中国家族企业的创新投入吗?[J]. 管理世界, 2016(3): 99-114.

业行为具有独特性。因此，探讨家族涉入对研发投资的影响意义重大。尤其是近年来随着市场经济的发展和法律制度的完善，我国的制度红利和人口红利正在逐步消失，家族企业正处于由粗放型向集约型发展转变的战略转型期，而研发投资有利于提高家族企业的核心竞争力，推动家族企业经济增长方式的转变。因此，在此背景下，探讨家族涉入对研发投资的影响不仅有助于回答中国的家族企业到底能为国家的自主创新战略做出什么贡献这个重要的问题，同时也显示了研究家族涉入对处于转型期的家族企业战略的影响具有重要的现实和理论意义。

4.1理论分析与研究假说

4.1.1所有权层面

家族在所有权层的涉入主要体现在以下三个方面：一是家族持股比例，即现金流权涉入；二是家族控制权涉入；三是两权分离度。绝大多数中国家族企业源于一代创业，家族与企业基本是一体的，而且家族在所有权及控制权的涉入通常较高，因此，家族企业的所有者与管理者基本是合一的。经典的代理理论认为家族企业的所有权和管理权合一有助于减少双方的利益冲突，促进企业追求长期导向的投资行为。因此，鉴于研发投资对企业长期发展的重要作用，人们很容易形成一个自然的推论：家族企业比非家族企业有更高的研发投资。然而事实并非如此，该推论只看到了家族涉入企业带来的正面影响，没有看到其负面影响。

代理理论认为，家族企业持股比例越高，意味着家族财富集中于企业中，家族在投资时会更加审慎，因为一旦失误，家族由于所有权比例高，同等的1单位损失家族损失更高，可能导致家族财富瞬间化为乌有，严重威胁家族企业的生存。另一方面，社会情感财富理论认为，家族不仅追求经济目标，还追求满足家族情感需求的非经济目标，而且对SEW目标的追求是家族企业区别于非家族企业的本质属性。Gomez-Mejia等（2007）认为家族企业通常以SEW而非经济目标作为决策参照点，如果一项战略决策损害家族SEW，为避免SEW损失，家族会主动规避这一战略，即使这种规避可能降低其经济收益而增加企业的经营风险。[①]家族持股比例越高，家族企业更愿意把家族财富传承给后代，为提高财富传承合法性和安全性及保护SEW，家族所有者会规避风险，将保护财产安全作为首要目标。由于研发投资会占用企业当前的财富，且研发投入收益具有不确定性和跨期性特点，这些都会危及企业当前地位和家族福利，损害家族SEW。因此，家族持股比例越高，现金流权涉入越高，为保护家族财富和家族SEW的需要，家族会避免不确定性和风险性较高的研发投资，即使研发投资长期来看会带来较高的回报。

同样的，家族控制权比例越高，家族越希望把企业控制在家族内，而这也可能不利于家族企业研发投入的增加。由于中国的法律制度环境较薄弱，重视对家族的控制几乎是所有企业的必修课（陈凌和吴炳德，2014）。[②]而且家族SEW的实现也依赖于家族的控制权，如满足家族的单向利他行为、保持家族文化及价值观在企业内的传承等（Schulze et al.，2003），[③]一旦家族丧失控制权，家族不能保持其权威和影响力势必会影响家族福利及目标的实现。因此，为满足家族情感需求及保证家族财富的顺利传承，家族会避免投资于高风险的项目。此外，为保持控制权，家族会减少外部融资以避免股权稀释，会更多地任用家族成员而排斥非家族成员，而这必然会限制其人力资本和财务资本的获得。资源基础理论认为，研发要想获得成功需要企业投入相应的人力资源和财务资源，家族企业由于缺乏必需的资源，而家族高管为

---

① Gómez-Mejía L R, Haynes K T, Núñez-Nickel M, et al. Socioemotional wealth and business risks in family-controlled firms: Evidence from Spanish olive oil mills[J]. Administrative Science Quarterly, 2007, 52(1): 106-137.

② 吴炳德, 陈凌. 社会情感财富与研发投资组合: 家族治理的影响[J]. 科学学研究, 2014, 32(8): 1233-1241.

③ Schulze W S, Lubatkin M H, Dino R N. Toward a theory of agency and altruism in family firms[J]. Journal of Business Venturing, 2003, 18(4): 473-490.

降低研发失败的风险，也会减少对研发投资的关注。可见，尽管研发投资利于提高企业的核心竞争力和可持续竞争优势，但为保护SEW不受损害和保持企业控制权，家族会降低对高风险和不确定性项目的投资，最终导致家族控制权比例越高，研发投入越低。

尽管绝大多数中国家族企业所有者与管理者基本是合一的，基本不存在第一类代理问题，但是家族企业两权分离度越高，家族成为大股东，越可能存在第二类代理问题，即大股东与小股东利益冲突，家族所有者可能会运用控制权侵害小股东利益，把企业当作获取家族SEW等非经济利益的工具。Gomez-Mejia等（2011）认为，[①]家族涉入使得家族企业在做战略决策时，会较多地考虑情感需求，以保护家族SEW作为决策参照点，如果一项战略决策会阻碍家族非经济利益的实现，对SEW的保护就会驱使家族所有者规避这种战略，即使这种规避可能降低企业价值，影响经济目标的实现，而家族企业的两权分离度越高，越能为家族追求家族目标的实现提供现实路径，因为家族将有更多机会和权力追求家族目标、家族福利，更可能将企业有限的资源用于满足家族利益的实现，而不管是否损害企业价值和长远发展。研发投入从长远来看，虽利于增强企业核心竞争力和可持续发展，但研发项目本身投资周期长，兼具高风险与高不确定性，稍有不慎便会万劫不复。因此，为避免SEW的损失，家族两权分离度越高，家族保护SEW的动机越强，越会减少研发投入。

基于上述讨论，我们提出以下假设：

H1：家族企业在所有权层面涉入程度越高，研发投资越低；

H1a：家族企业在控制权涉入程度越高，研发投资越低；

H1b：家族企业在现金流权涉入程度越高，研发投资越低；

H1c：家族企业两权分离度越高，研发投资越低。

---

① Gomez-Mejia L R, Cruz C, Berrone P, et al. The bind that ties: Socioemotional wealth preservation in family firms[J]. The Academy of Management Annals, 2011, 5(1): 653-707.

4.1.2 治理层层面

高层梯队理论认为企业高管的个人特质影响企业的战略选择和战略决策（Hambrick和Mason，1984）。[1]Finkelstein和Hambrick（1990）发现，当高管的决策力比较强时，高管的个人倾向对企业的战略决策更为显著，高管个人对风险的偏好就会反映在企业战略决策里，最终影响企业投资行为。而家族企业决策通常是很集中的，家族高管决策倾向将显著影响企业战略决策（Lubatkin et al.，2006）。[2]已有研究发现，家族企业的所有权及家族成员在高管团队的任职，反映家族在企业中的权力和影响力，当家族所有权集中度较高及家族成员在高管团队任职比例较高时，其对SEW的考虑导致家族决策行为趋于保守，降低高管的风险承担，从而降低高管的判断力。相反，如果家族所有权集中度较低，家族在治理层涉入程度较低时，家族对SEW关注就会降低，高管的风险规避程度会降低，会增加对风险性项目的投资，如研发（Kraiczy，2015）。[3]因此，除了所有权层涉入外，家族在治理层的涉入，如董事会、管理层及监事会的涉入，由于家族高管的个人偏好，对家族利益、家族福利等SEW的考虑会影响家族企业的研发创新。尽管研发投资利于增强企业核心竞争力，促进其长远发展，但家族在治理层涉入程度越高，越可能不利于研发投资。

首先，家族成员进入董事会，在决策层的涉入程度越高，越会优先推行家族目标，致力于保持其独立性和控制权以保护社会情感财富，而这可能

---

[1] Hambrick D C, Mason P A. Upper echelons: The organization as a reflection of its top managers[J]. Academy of Management Review, 1984, 9(2): 193-206.

[2] Lubatkin M H, Simsek Z, Ling Y, et al. Ambidexterity and performance in small—to medium—sized firms: The pivotal role of top management team behavioral integration[J]. Journal of Management, 2006, 32(5): 646-672.

[3] Kraiczy N D, Hack A, Kellermanns F W. What Makes a Family Firm Innovative? CEO Risk-Taking Propensity and the Organizational Context of Family Firms[J]. Journal of Product Innovation Management, 2015, 32(3): 334-348.

阻碍家族企业的研发创新。尽管大部分家族企业委托人与代理人合一，减少了第一类代理问题，但这也导致家族不受委托人和代理人效用函数的制约，从而免除了来自资本市场的理性和压力，意味着家族企业对资源分配有更高的决策力。一方面，家族成员在董事会就职，董事会作为企业的决策层，他们对企业战略和投资项目选择有更直接和实时的影响，因而更有权力分配资源，家族可能会将资源用于与经济目标相冲突的其他机会，从而满足家族非经济目标的实现（Kotlar et al.，2013），[①]如保护SEW和企业控制权。研究已证实，家族控制的西班牙橄榄油工厂不愿意加入合作社，因为这会危及家族企业的控制权，尽管加入合作社会带来更高的经济利益，说明家族企业在做决策时较少关注资本提供者所重视的经济回报，更关注家族控制权的永续维持等SEW的保护。另一方面，将保持家族控制权作为主要目标，不仅影响研发创新活动所需要的稀有资源的分配，而且也影响拥有企业资源分配权的决策层职位。家族为保持其控制权和决策权，董事会可能会做出有利于保持其权力和权威的决策，即使这会以放弃研发投资所带来的潜在经济收益为代价，如为保护家族控制权和决策权，任命不合格的家族成员担任管理层而非从外部聘请专业的职业经理人。

其次，家族涉入管理层可能也不利于家族企业进行研发投资，原因如下：第一，出于保护家族所有权和控制权及避免家族和非家族成员利益冲突的考虑，家族企业不愿意从外部聘用非家族成员担任管理层职位，而是从家族内部任用能力一般甚至不具备胜任能力的家族成员担任家族高管，虽然家族内部成员更了解家族目标，可以减少不必要的冲突和麻烦，但非家族成员通常具备创新所需要的专长和能力，能够推动和促进高质量的研发项目。家族的这种亲缘利他行为造成家族高管智库匮乏，与从外面更大的智库聘请优

---

① Kotlar J, Fang H, De Massis A, et al. Profitability Goals, Control Goals, and the R&D Investment Decisions of Family and Non-family Firms[J]. Journal of Product Innovation Management, 2014, 31(6): 1128-1145.

秀高管相比，这最终会限制家族企业选择评估有价值的研发项目的能力。另一方面，研发创新需要能力同时也需要承担风险，由于家族高管来源于家族内部而非外部优选，这种能力普通靠裙带关系进入家族企业的高管，可能因为自身专长不足而不敢进行有风险的研发投资。第二，家族在管理层的涉入程度越高，虽然可以降低第一类代理成本，但家族高管受外部监督较少，越可能存在第二类代理问题，即家族高管可能会牺牲小股东利益，攫取企业资源用于私人收益，如在职消费、利用企业的资源用于家族少部分人的福利等堑壕行为。这最终会导致家族在研发创新方面资源和能力的匮乏。

最后，监事会作为企业的监督层，根据代理理论，监事会的独立性可以监督企业决策层、管理层所做的战略及具体运营决策是否符合企业利益，保护外部股东利益免于管理层的机会主义行为带来的损失，减少资源的错误配置，对决策层及管理层起到制衡作用；同时，监事会成员中若包含具备相关专长的专业人员，有利于规避管理层的短视行为，促使家族企业战略决策长期导向，从而促进诸如研发投资等利于企业长远发展的投资行为。然而，家族成员在监事会涉入程度过高，可能会影响监事会职能的正常发挥，原因如下：一是家族成员任职比例越高，由于家族连带会降低监事会的独立性，越不能有效监督家族的管理层，不能有效制止管理层的堑壕行为，如攫取企业资源满足个人需要或家族福利等SEW需求；二是如Anderson和Reeb（2004）所认为的，监事会的独立性有利于减少家族的机会主义行为，保护所有股东的利益而非仅大股东的利益。但当家族成员在监事会任职比例过高时，家族就会有足够的权力去追逐家族的利益，满足家族需要而不考虑这样做是否会损害企业利益，这可能会阻碍家族对研发的投入。因为监事会监督企业当前的现金流，家族将资源用于家族SEW等非经济利益的追求，势必会限制其对正常创新项目的投入，最终限制了家族的研发投资。

基于上述讨论，我们提出以下假设：

H2：家族企业在治理层涉入程度与研发投资呈显著负相关关系；

H2a：家族企业在决策层涉入程度越高，研发投资越低；

H2b：家族企业在管理层涉入程度越高，研发投资越低；

H2c：家族企业在监督层涉入程度越高，研发投资越低。

4.2研究设计

4.2.1 样本选择与数据来源

表4-1　样本年度分布表

年份（年）	公司数（个）	百分比（%）	累积百分比（%）
2006	40	7.35	7.35
2007	50	9.19	16.54
2008	92	16.92	33.46
2009	11	2.02	35.48
2010	142	26.10	61.58
2011	130	23.90	85.48
2012	79	14.52	100
合计	544	100	

由于2006年以前进行研发投入的上市家族企业较少，因此，本章节以2006—2012年中国中小板及创业板上市家族企业为研究样本，并对样本做了如下处理：①剔除金融行业的公司，金融行业会计准则与其他行业会计准则有较大差异，相关指标在金融行业与非金融行业之间不具有可比性，本书遵从研究惯例，予以剔除；②剔除了其他财务数据缺失的公司；③为了降低异常值的影响，针对连续变量的1%和99%百分位进行了Winsorize处理，最终获取544家样本（共计1833个观测值）。本书的数据主要来自CSMAR和WIND数据库，家族涉入的数据为手工整理所得。以下描述性统计及实证结果均基于处理后的数据结果。样本分布详情见表4-1，由表可知，样本的年度分布整体呈现逐年上升的趋势，2006年40个，到2010年达到142个，2011年130个，说明家族企业对研发越来越重视。本书的数据整理及统计分析软件为STATA14。

4.2.2 检验模型

为了检验前面提出的假设，本书建立如下模型：

家族涉入所有权层面：

$$RD = \alpha_0 + \alpha_1 FamUcsvr + \alpha_2 Totmanange + \alpha_3 AvaSlack + \alpha_4 PotSlack + \alpha_5 Cash + \alpha_6 IntAssInt + \alpha_7 Shr\_h10 + \alpha_8 LMTB + \alpha_9 Size + \alpha_{10} Beta + \alpha_{11} Age + \alpha_{12} Industry + \alpha_{13} Year + \varepsilon \tag{4-1}$$

$$RD = \alpha_0 + \alpha_1 Tfamucscr + \alpha_2 Totmanange + \alpha_3 AvaSlack + \alpha_4 PotSlack + \alpha_5 Cash + \alpha_6 IntAssInt + \alpha_7 Shr\_h10 + \alpha_8 LMTB + \alpha_9 Size + \alpha_{10} Beta + \alpha_{11} Age + \alpha_{12} Industry + \alpha_{13} Year + \varepsilon \tag{4-2}$$

$$RD = \alpha_0 + \alpha_1 SEPERATE + \alpha_2 Totmanange + \alpha_3 AvaSlack + \alpha_4 PotSlack + \alpha_5 Cash + \alpha_6 IntAssInt + \alpha_7 Shr\_h10 + \alpha_8 LMTB + \alpha_9 Size + \alpha_{10} Beta + \alpha_{11} Age + \alpha_{12} Industry + \alpha_{13} Year + \varepsilon \tag{4-3}$$

家族涉入治理层层面：

$$RD = \alpha_0 + \alpha_1 Rel\_DAM + \alpha_2 Totmanange + \alpha_3 AvaSlack + \alpha_4 PotSlack + \alpha_5 Cash + \alpha_6 IntAssInt + \alpha_7 Shr\_h10 + \alpha_8 LMTB + \alpha_9 Size + \alpha_{10} Beta + \alpha_{11} Age + \alpha_{12} Industry + \alpha_{13} Year + \varepsilon \tag{4-4}$$

$$RD = \alpha_0 + \alpha_1 Rel\_Man + \alpha_2 Totmanange + \alpha_3 AvaSlack + \alpha_4 PotSlack + \alpha_5 Cash + \alpha_6 IntAssInt + \alpha_7 Shr\_h10 + \alpha_8 LMTB + \alpha_9 Size + \alpha_{10} Beta + \alpha_{11} Age + \alpha_{12} Industry + \alpha_{13} Year + \varepsilon \tag{4-5}$$

$$RD = \alpha_0 + \alpha_1 Rel\_Dir + \alpha_2 Totmanange + \alpha_3 AvaSlack + \alpha_4 PotSlack + \alpha_5 Cash + \alpha_6 IntAssInt + \alpha_7 Shr\_h10 + \alpha_8 LMTB + \alpha_9 Size + \alpha_{10} Beta + \alpha_{11} Age + \alpha_{12} Industry + \alpha_{13} Year + \varepsilon \tag{4-6}$$

$$RD = \alpha_0 + \alpha_1 Rel\_Aud + \alpha_2 Totmanange + \alpha_3 AvaSlack + \alpha_4 PotSlack + \alpha_5 Cash + \alpha_6 IntAssInt + \alpha_7 Shr\_h10 + \alpha_8 LMTB + \alpha_9 Size + \alpha_{10} Beta + \alpha_{11} Age + \alpha_{12} Industry + \alpha_{13} Year + \varepsilon \tag{4-7}$$

其中，RD代表家族企业研发投资强度，本书用研发投入与销售收入之比来度量。FamUcsvr表示实际控制人家族控制权比例，Tfamucscr为家族现金流权（又称所有权）比例，SEPERATE表示家族控制权与所有权的分离度，用这3个指标衡量家族在所有权层面的涉入度。Rel_Dir、Rel_DAM、Rel_Man、Rel_Aud均是对家族涉入治理层的度量，具体解释及其他变量的含义及度量如下节。

4.2.3变量及其度量

（1）被解释变量

研发投资强度RD使用研发投入与销售收入之比来测量，与绝对的研发投入相比，研发销售收入比是对企业研发投资更稳健的测量。同时，为提高结果的稳健性和可靠性，在稳健性检验中，本书以发明专利的自然对数替代研发投资进行检验。

表4-2　变量代码及定义表

变量类型	变量名称	代码	变量设计
因变量	研发强度	RD	企业的研发投入与当年销售收入之比
	专利	Patent	公司发明专利申请总数的自然对数
自变量	家族在所有权层面涉入	FamUcsvr	家族控制权，首先根据每个家族成员与上市公司股权关系链或若干股权关系链中最弱的一层或最弱的一层的总和计算出每个家族成员的控制权，然后对其加总计算出整个家族的控制权
		Tfamucscr	家族现金流权，首先根据每个家族成员与上市公司股权关系链每层持有比例相乘或与上市公司股权关系链每层持有比例相乘之总和计算出家族成员的现金流权，然后对其加总计算出整个家族的现金流权
		SEPERATE	两权分离度，家族控制权比例/家族现金流权比例
	家族在管理层涉入	Rel_DAM	董事会、管理层及监事会任职的家族成员人数/董、监、高总人数
		Rel_Man	管理层任职的家族成员人数/管理层总人数
自变量	家族在决策层涉入	Rel_Dir	董事会任职的家族成员人数/董事会总人数
	家族在监督层涉入	Rel_Aud	监事会任职的家族成员人数/董事会总人数

续表

变量类型	变量名称	代码	变量设计
控制变量	市场风险	Beta	分市场年Beta值
	公司规模	Size	销售收入的自然对数
	公司年龄	Age	公司自成立年份起的年数，取自然对数
	高管团队规模	TotManange	高管层人数
	无形资产密集度	IntAssInt	无形资产/总资产
	有无非家族持股大于10%	Shr_h10	虚拟变量，当存在与家族无关且持股10%以上的股东时取值1，否则为0
	资产负债比	AvaSlack	总资产/总负债
	产权比率	PotSlack	负债/所有者权益
	现金流	Cash	经营活动产生的现金流量净额的自然对数
	市账比	LMTB	滞后一期账市比的倒数
	行业	Industry	以证监会行业分类标准划分，其中制造业细分为二级子行业，共设19个虚拟变量
	年度	Year	7个研究年度取6个虚拟变量

（2）解释变量

所有权层面：FamUcsvr表示实际控制人家族控制权比例，Tfamucscr为家族现金流权（又称所有权）比例，SEPERATE表示家族控制权与所有权的分离度。

治理层层面：决策层涉入：Rel_Dir家族成员在董事会的占比。

管理层涉入：本书采用两个指标，一是Rel_DAM整个董监高中的家族成员占比，二是Rel_Man高级管理层（即总经理、副总经理等人）的家族成员占比。

监督层涉入：Rel_Aud监事会中家族成员占比。

控制变量：依据前人研究，本书控制了公司规模（Size）、公司年龄（Age）、高管团队规模（TotManange）、市场风险（Beta）、无形资产密集度（IntAssInt）、有无非家族持股大于10%（Shr_h10）和其他财务指标：现金流量（Cash）、市账比（LMTB）、资产负债比（AvaSlack，资产负债率的倒数）、产权比率（PotSlack）及行业和时间虚拟变量。

4.3实证结果及分析

4.3.1描述性统计分析

表4-3　主要变量的描述性统计

变量	观测值	均值	中位数	最小值	最大值	标准差	1/4 分位数	3/4 分位数
RD	1527	0.0400	0.0300	0	0.180	0.0300	0.0200	0.0500
FamUcsvr	1833	0.460	0.460	0.160	0.760	0.160	0.340	0.600
Tfamucscr	1833	0.410	0.400	0.0800	0.750	0.170	0.260	0.540
SEPERATE	1833	1.23	1	1	3.7	0.45	1	1.31
Rel_Dir	1833	0.200	0.180	0	0.560	0.120	0.110	0.290
Rel_DAM	1833	0.130	0.120	0	0.380	0.0800	0.0700	0.180
Rel_Man	1833	0.160	0.140	0	0.670	0.150	0	0.250
Rel_Aud	1833	0.0300	0	0	0.330	0.100	0	0
TotManage	1833	6.160	6	1	19	2.080	5	7
AvaSlack	1833	4.780	3.040	1.290	35.28	5.220	2.070	5.180
PotSlack	1833	0.700	0.490	0.0300	3.440	0.650	0.240	0.940
Cash	1791	19.50	19.55	16.89	21.96	0.970	18.84	20.17
Shr h10	1833	0.250	0	0	1	0.440	0	1
IntAssInt	1833	0.0400	0.0300	0	0.160	0.0300	0.0200	0.0600
LMTB	1283	3.010	2.480	1.040	10.41	1.770	1.800	3.670
Size	1833	20.66	20.61	18.58	23.28	0.960	19.96	21.27
Beta	1833	1.050	1.050	0.530	1.520	0.190	0.930	1.170
Age	1833	2.010	2.080	0.690	3	0.520	1.610	2.400

表4-3列出了主要变量的描述性统计特征。家族企业研发投入的平均值为0.04，最小值为0，最大值为0.18，标准差为0.03，可见家族企业研发投入明显偏低。所有权层面：家族在控制权涉入的平均值为46%，最小值为16%，最大值为76%，标准差为16%，3/4分位数为60%，说明家族企业中有接近75%的企业控制权在60%左右，说明家族在控制权的涉入程度较高，牢牢

掌握家族控制权，而且涉入程度差异较大。家族在现金流权涉入的平均值为41%，最小值为8%，最大值为75%，标准差为17%，中位数为40%，说明家族企业中有近50%的企业的家族持股比例在40%左右，也表明家族企业家族持股比例普遍较高。比较家族控制权与现金流权涉入度可以看出，家族企业的现金流权比控制权稍低，存在两权分离的情况。通过对两权分离度的统计可知，家族企业控制权和现金流权的分离程度中位数为1，均值为1.23，3/4分位数只有1.31，这说明在我国中小板和创业板上市的家族企业中，控制权与现金流权分离程度并不高。治理层层面：家族在董事会决策层涉入均值为20%，最小值为0，最大值为56%，即样本公司里董事会中平均有20%的董事来自实际控制家族；家族在董监高涉入的平均值为13%，最小值为0，最大值为38%；家族在经理层等管理层涉入的平均值为16%，最小值为0，最大值为67%，说明家族成员在企业管理层及决策层任职是普遍现象，而且有的企业家族成员占比还比较高。家族涉入监事会程度相对较低，平均值为3%，最小值为0，最大值为33%。综上可知，家族涉入决策层及管理层的程度较深。

控制变量方面，高管团队规模平均值为6.16，最小值为1，最大值为19，说明家族企业高管团队规模大都适中，极少数团队成员较少。资产负债比均值为4.78，最小值为1.29，最大值为35.28；产权比率均值为0.7，最小值为0.03，最大值为3.44，说明家族企业资产负债比并不是很高，大部分企业负债比例不是很高，但也有极个别企业产权比率高达3.44，远超所有者权益。现金流均值为19.5，最小值为16.89，最大值为21.96，3/4分位数为20.17，说明家族企业现金流充足；无形资产密集度均值为4%，最小值为0，最大值为16%，标准差为3%，说明家族企业普遍无形资产投资较少；市账比均值为3.01，最小值为1.04，最大值为10.41，标准差为1.77；用公司资产的自然对数衡量的公司规模均值为20.66，最小值为18.58，最大值为23.28；家族企业所面临的市场风险均值为1.05，最小值为0.53，最大值为1.52，说明市场风险相对较高；取对数后的公司年龄均值为2.01，最小值为0.69，最大值为3，说明家族企业年龄较轻。

变量的相关性分析结果见表4-4。无论是Pearson相关系数，还是Spearman相关系数，家族控制权与研发投资负相关，相关系数均在1%水平上显著。家族现金流权与研发投资Pearson相关系数在5%水平上显著，Spearman相关系数为负但不显著；而两权分离度与研发投资则是Spearman相关系数在1%水平上显著，而Pearson相关系数为负不显著，这说明假设1家族在所有权层涉入与研发投资的负相关关系得到部分验证。治理层方面，家族在董事会涉入、董监高涉入及高管层涉入，无论是Pearson相关系数，还是Spearman相关系数，这3者与研发投资都是显著负相关关系；而家族在监事会的涉入与研发的Pearson相关系数在10%水平显著，Spearman相关系数为负但不显著。从相关系数分析可得到初步证据，表明假说2家族在治理层涉入与研发的负相关关系得到部分验证。解释变量家族控制权、家族现金流权的相关系数接近0.9，家族现金流权与两权分离度的相关系数约为0.5，家族在董事会涉入与董监高涉入相关系数超过0.8，家族在董监高涉入与高管层涉入相关系数接近0.7，家族在监事会涉入与董监高涉入相关系数接近0.5。因此，本书将7个解释变量分别放到不同的模型中。控制变量中，高管团队规模、资产与负债之比、市账比及现金流与研发投资显著正相关；产权比率、公司规模与研发显著负相关，说明控制变量与被解释变量之间的关系也比较合理。比如，高管团队规模及企业现金流与研发投资显著正相关，表明家族高管团队规模越大，越能减弱家族内部影响，促使家族增加研发投入；而现金流越充足则越有利于保障家族企业重视研发创新。

通过计算回归分析模型中各自变量的方差膨胀因子（VIF）得知，除了虚拟变量及家族控制权、现金流权及董监高涉入方差膨胀因子大于10外，其他变量的方差膨胀因子最大值均小于10，而且均值小于5，结果表明各变量之间不存在严重的多重共线性问题，可进行下一步的回归分析。

4.3.2实证结果分析

笔者首先将样本按家族涉入度是否高于均值统一分为两组：大于均值为涉入程度较高组；小于均值为涉入程度较低组，并对其进行企业价值的比较。从比较结果表4-5可知，所有权层面，家族涉入控制权、现金流权程度较低的公司，其研发投资显著高于涉入程度较低的公司，即家族涉入程度越高，家族企业研发投入越低，部分支持笔者的假设1；治理层层面，家族在董事会涉入及董监高涉入程度低的组的研发投资也显著高于家族涉入程度高的组，假设2得到部分验证。

表4-5　家族涉入程度较高和较低的公司双样本t检验

家族涉入程度变量	双样本t检验					
	涉入程度低研发投资		涉入程度高研发投资		均值之差	t值
	平均值	标准差	平均值	标准差		
FamUcsvr	0.0406	0.0349	0.0356	0.0369	0.005★★★	2.6957
Tfamucscr	0.0393	0.0348	0.037	0.0372	0.0023★	1.2935
SEPERATE	0.0382	0.0343	0.0381	0.0404	−0.0022	0.0582
Rel_Dir	0.0384	0.0362	0.031	0.022	0.0074★	1.2499
Rel_DAM	0.0428	0.041	0.0329	0.0283	0.0099★★★	5.4241
Rel_Man	0.0383	0.0364	0.0363	0.0275	0.002	0.4801
Rel_Aud	0.0382	0.036	0.0432	0.0285	−0.005	−0.4422

t statistics in parentheses　　* $p < 0.1$, ** $p < 0.05$, *** $p < 0.01$

上述单变量的检验没有控制其他变量的影响，为了获得更稳健的结论，本书再根据模型1到模型7进行多元回归分析。采用Wald/F检验、BPLM检验及豪斯曼检验（Hausman Test），以确定在混合OLS/面板随机效应模型和固定效应模型中，哪一个模型的结论是可靠的。豪斯曼检验的结果高度显著（P值等于0.0000）拒绝随机效应模型，说明固定效应模型或者IV估计更加有效，随机效应有偏。因此，笔者提供了IV估计结果，由于未找到家族涉入的有效工具变量，笔者将家族涉入的滞后一期作为IV估计，进行两阶段回归，结果见表4-6。同时，为提高结论的可靠性，笔者将混合OLS估计结果作为对

比同时列出，见表4-7。

表4-6　家族涉入对研发投资的影响（IV估计）

	（1） RD1	（2） RD2	（3） RD3	（4） RD4	（5） RD5	（6） RD6	（7） RD7
FamUcsvr	−0.029★★★ （−4.96）						
Tfamucscr		−0.023★★★ （−4.20）					
SEPER ATE			−0.002 （−0.85）				
Rel_DAM				−0.041★★★ （−3.54）			
Rel_Dir					−0.028★★★ （−3.60）		
Rel_Man						−0.006 （−0.88）	
Rel_Aud							−0.012 （−1.30）
TotManage	0.003★★★ （6.33）	0.003★★★ （6.43）	0.003★★★ （6.29）	0.002★★★ （5.43）	0.002★★★ （6.14）	0.002★★★ （5.91）	0.002★★★ （6.20）
AvaSlack	0.000 （1.52）	0.000 （1.53）	0.000 （0.93）	0.000 （1.23）	0.000 （1.21）	0.000 （1.06）	0.000 （1.03）
PotSlack	−0.003★ （−1.90）	−0.003★ （−1.77）	−0.002 （−1.42）	−0.003★ （−1.86）	−0.003★ （−1.83）	−0.002 （−1.47）	−0.002 （−1.47）
Cash	0.008★★★ （7.23）	0.008★★★ （7.15）	0.008★★★ （7.02）	0.008★★★ （7.05）	0.008★★★ （7.10）	0.008★★★ （7.06）	0.008★★★ （7.03）
IntAssInt	−0.003 （−0.11）	−0.003 （−0.10）	0.006 （0.23）	0.008 （0.29）	0.006 （0.21）	0.006 （0.21）	0.007 （0.26）
Shr_h10	−0.006★★★ （−3.15）	−0.006★★★ （−2.82）	−0.003 （−1.53）	−0.004★★ （−2.02）	−0.004★★ （−2.04）	−0.003★ （−1.70）	−0.003 （−1.59）
LMTB	0.003★★★ （6.11）	0.003★★★ （6.17）	0.003★★★ （6.18）	0.003★★★ （5.72）	0.003★★★ （5.71）	0.003★★★ （6.13）	0.003★★★ （6.14）
Size	−0.014★★★ （−11.12）	−0.014★★★ （−11.50）	−0.015★★★ （−11.94）	−0.014★★★ （−11.43）	−0.014★★★ （−11.67）	−0.014★★★ （−11.76）	−0.014★★★ （−11.84）
Beta	0.003 （0.62）	0.004 （0.81）	0.004 （0.81）	0.003 （0.72）	0.003 （0.73）	0.004 （0.85）	0.004 （0.81）
Age	0.001 （0.47）	0.001 （0.43）	0.004★ （1.91）	0.001 （0.71）	0.002 （0.88）	0.003 （1.57）	0.003 （1.46）
_cons	0.150★★★ （6.32）	0.154★★★ （6.49）	0.154★★★ （6.39）	0.153★★★ （6.45）	0.155★★★ （6.52）	0.151★★★ （6.32）	0.152★★★ （6.36）
N	1103	1103	1103	1103	1103	1103	1103

	（1）	（2）	（3）	（4）	（5）	（6）	（7）
r^2	0.290	0.287	0.276	0.283	0.284	0.276	0.276
F	6.364***	6.312***	6.329***	6.312***	6.338***	6.328***	6.316***

t statistics in parentheses　　* $p < 0.1$, ** $p < 0.05$, *** $p < 0.01$

表4-6报告了家族涉入对研发投资的影响，从模型（1）~模型（3）可以看出，FamUcsvr及Tfamucscr估计系数显著为负，且在1%水平上显著，两权分离度SEPERATE的系数虽不显著但为负，说明家族在控制权、现金流权涉入程度越高及家族两权分离度越高，研发投入越低，印证了家族为保护家族福利及家族财产安全等非经济目标，不愿投资于有风险的研发，假设1基本得到验证。模型（4）、模型（5）表明家族在董事会及董监高涉入程度的估计系数在1%水平上显著，说明家族在决策层及管理层涉入程度越高，受制于家族人才和资源限制及带来第二类代理问题的增加，导致其研发投资越低；而模型（6）、模型（7）Rel_Man及Rel_Aud的估计系数为负，虽不显著，但t值分别为-0.88和-1.3，接近显著，显著性不强可能是因为与企业决策层相比，高管层主要负责企业日常经营，监督层主要负责监督职能，对研发投入强度的决策没有很大决定权，因此假设2基本得到支持。综上表明家族涉入负面影响其研发投资，不论家族在所有权层面的涉入还是治理层层面的涉入，家族涉入都不利于研发创新，表明家族企业为保护家族社会情感财富等非经济目标及受限于家族资源进而带来的家族高管的特质中对家族利益的考虑，导致家族不愿意投资于高风险和不确定性强的研发项目，与SEW理论、资源基础理论及高层梯队理论预期基本一致。

由表4-7混合OLS的估计结果可知，家族在所有权层面涉入（1）（2）估计系数为负且在1%水平上显著，模型（3）两权分离度估计系数虽为正但不显著，可能是因为两权分离度越高，更多地考虑家族福利，家族越希望增加研发投资，从而实现可持续发展，与IV估计结论基本一致。而由模型（4）~模型（7）知，家族在管理层及决策层涉入程度与研发投资显著负相关，家族在高管层及监事会涉入程度与研发投资也接近显著，表明家族在所有权及治理层涉入持股越高，为保护家族福利、家族财产安全等，家族越不愿意进行可能危及企业当前地位和福利的研发活动，与IV估计结论基本一致，可见，本书结论较为可靠和稳健。

表4-7　家族涉入对研发投资的影响（混合OLS）

	（1）	（2）	（3）	（4）	（5）	（6）	（7）
	RD1	RD2	RD3	RD4	RD5	RD6	RD7
FamUcsvr	−0.025★★★ （−4.39）						
Tfamucscr		−0.024★★★ （−4.49）					
SEPERATE			0.135 （0.98）				
Rel_Dir				−0.017★★★ （−2.97）			
Rel_DAM					−0.027★★★ （−3.32）		
Rel_Man						−0.007 （−1.52）	
Rel_Aud							−0.008 （−1.45）
TotManage	0.002★★★ （4.83）	0.002★★★ （5.03）	0.002★★★ （4.83）	0.002★★★ （4.76）	0.002★★★ （4.24）	0.002★★★ （4.57）	0.002★★★ （4.75）
AvaSlack	0.000 （1.50）	0.000 （1.59）	0.000 （1.33）	0.000 （1.40）	0.000 （1.43）	0.000 （1.35）	0.000 （1.31）
PotSlack	−0.001 （−0.95）	−0.001 （−0.82）	−0.000 （−0.31）	−0.001 （−0.63）	−0.001 （−0.69）	−0.001 （−0.45）	−0.001 （−0.43）
Cash	0.005★★★ （5.46）	0.005★★★ （5.31）	0.005★★★ （5.39）	0.005★★★ （5.40）	0.005★★★ （5.36）	0.005★★★ （5.40）	0.005★★★ （5.37）
IntAssInt	0.043 （1.60）	0.041 （1.51）	0.048★ （1.74）	0.049★ （1.78）	0.051★ （1.84）	0.051★ （1.85）	0.051★ （1.85）
Shr_h10	−0.005★★★ （−3.08）	−0.005★★★ （−2.99）	−0.002 （−1.56）	−0.003★ （−1.83）	−0.003★ （−1.84）	−0.003★ （−1.68）	−0.002 （−1.53）
LMTB	0.003★★★ （5.06）	0.003★★★ （5.08）	0.003★★★ （4.88）	0.003★★★ （4.72）	0.003★★★ （4.70）	0.003★★★ （4.82）	0.003★★★ （4.83）
Size	−0.008★★★ （−7.40）	−0.008★★★ （−7.73）	−0.009★★★ （−7.99）	−0.009★★★ （−7.92）	−0.009★★★ （−7.77）	−0.009★★★ （−7.89）	−0.009★★★ （−7.89）
Beta	−0.008★ （−1.68）	−0.007 （−1.54）	−0.007 （−1.47）	−0.007 （−1.59）	−0.007 （−1.64）	−0.007 （−1.51）	−0.007 （−1.52）
Age	−0.001 （−0.45）	−0.002 （−0.80）	0.001 （0.47）	0.000 （0.11）	−0.000 （−0.06）	0.001 （0.47）	0.001 （0.45）

续表

	（1）	（2）	（3）	（4）	（5）	（6）	（7）
	RD1	RD2	RD3	RD4	RD5	RD6	RD7
Industry	YES	YES	YES	YES	YES	YES	YES
Year	YES	YES	YES	YES	YES	YES	YES
_cons	0.080★★★ （3.78）	0.085★★★ （3.99）	0.074★★★ （3.51）	0.080★★★ （3.74）	0.080★★★ （3.73）	0.076★★★ （3.55）	0.077★★★ （3.58）
N	1103	1103	1103	1103	1103	1103	1103
r^2	0.518	0.518	0.506	0.509	0.510	0.507	0.507
F	33.74★★★	33.81★★★	32.22★★★	32.61★★★	32.64★★★	32.30★★★	32.25★★★

t statistics in parentheses　* $p < 0.1$, ** $p < 0.05$, *** $p < 0.01$

4.4 内生性问题和稳健性检验

4.4.1 内生性问题

家族涉入不利于研发投资，但也可能是因为研发投资风险高、不确定性强及周期长等原因，家族企业不愿意进行研发投资，因而没有必要从家族外部融资或从外部引进能够促进研发的高管人员、专业技术人才或机构投资者等，而这最终可能导致家族涉入度高。为规避家族涉入与研发投资的相互交互影响，或同受某些组织内外部因素共同影响而导致的内生性问题，本文将所有自变量滞后一期重新回归进行内生性处理，假设依然得到验证，结果如表4-8所示。由表4-8可知，滞后一期的家族所有权涉入、控制权涉入度越高，为保护家族福利、保持家族控制权等SEW，家族越不愿意冒风险增加研发投入；而且家族在董事会及董监高涉入程度越高，受制于家族智库及家族高管的在职消费等机会主义行为，及为避免研发失败带来的风险和责任，家族越会阻碍企业研发投资。而家族在高管层及监事会涉入程度与研发投资的估计系数也为负且接近显著，表明家族高管中家族成员比例越高，为规避风险及可能存在的第二类代理问题，越不愿意投资高风险和不确定性强的研发活动。可见，与主检验结论基本一致，内生性问题并不严重。

4.4.2 稳健性检验

为了保证本书理论和结果的可靠，笔者还以发明专利替代研发投资进行稳健性检验，结果如表4-9所示。由表知，在所有权层面，家族涉入控制权及现金流权的结果与主检验一致，但两权分离度与研发投资负相关且接近显著，说明家族两权分离度越高越不利于家族专利申请，为主假设提供进一步的支持。在治理层层面，家族在董事会涉入与研发投资显著负相关，说明家族涉入决策层对家族目标的追求阻碍了企业研发投入，最终影响企业创新水平的提高。家族涉入管理层董监高估计系数虽不显著但依然为负，与假设一致。但家族涉入高管层及监督层却与专利显著正相关，分别在10%和1%水平上显著。这可能是因为，家族企业涉入程度高虽不利于研发投资，但若家族企业一旦投资后，家族管理层会充分利用其资源提高效率，家族监督层则利用处于所有权层与管理层的有利条件，为企业研发提高充分的咨询和监督服务，降低家族内部信息不对称程度，提高决策灵活度，遇到不确定性危机时家族能更快适应变化做出决策，这使得家族企业本身的优势得到发挥，最终提高了研发投资的效率增加研发产出专利数量，这与主检验研究结论一致。

表4-8　内生性检验：解释变量滞后一期

	（1）	（2）	（3）	（4）	（5）	（6）	（7）
	RD1	RD2	RD3	RD4	RD5	RD6	RD7
L.FamUcsvr	−0.0217★★★ （−2.91）						
L.Tfamucscr		−0.0219★★★ （−3.11）					
L.SEPERATE			0.1610 （0.99）				
L.Rel_Dir				−0.0135★ （−1.78）			
L.Rel_DAM					−0.0260★★ （−2.36）		
L.Rel_Man						−0.0081 （−1.33）	

续表

	（1）	（2）	（3）	（4）	（5）	（6）	（7）
	RD1	RD2	RD3	RD4	RD5	RD6	RD7
L.Rel_Aud							−0.0099
							（−1.44）
L.TotManage	0.0017***	0.0017***	0.0017***	0.0017***	0.0015***	0.0016***	0.0016***
	（3.80）	（4.00）	（3.77）	（3.76）	（3.33）	（3.49）	（3.65）
L.AvaSlack	0.0002	0.0002	0.0002	0.0002	0.0002	0.0002	0.0002
	（0.53）	（0.58）	（0.45）	（0.45）	（0.48）	（0.47）	（0.44）
L.PotSlack	−0.0017	−0.0015	−0.0009	−0.0013	−0.0014	−0.0011	−0.0011
	（−0.92）	（−0.83）	（−0.50）	（−0.71）	（−0.78）	（−0.65）	（−0.64）
L.Cash	0.0060***	0.0058***	0.0061***	0.0062***	0.0061***	0.0061***	0.0060***
	（5.04）	（4.82）	（5.12）	（5.17）	（5.09）	（5.10）	（5.09）
L.IntAssInt	0.0117	0.0080	0.0157	0.0193	0.0213	0.0207	0.0219
	（0.34）	（0.23）	（0.44）	（0.55）	（0.61）	（0.60）	（0.63）
L.Shr_h10	−0.0044**	−0.0044**	−0.0021	−0.0025	−0.0025	−0.0024	−0.0021
	（−2.13）	（−2.11）	（−1.11）	（−1.27）	（−1.28）	（−1.25）	（−1.08）
L.LMTB	0.0025***	0.0026***	0.0025***	0.0025***	0.0025***	0.0025***	0.0025***
	（3.88）	（3.93）	（3.76）	（3.74）	（3.74）	（3.74）	（3.76）
L.Size	−0.0096***	−0.0096***	−0.0102***	−0.0102***	−0.0098***	−0.0100***	−0.0101***
	（−6.50）	（−6.64）	（−7.07）	（−7.02）	（−6.81）	（−6.89）	（−6.92）
L.Beta	−0.0124**	−0.0119**	−0.0119**	−0.0122**	−0.0124**	−0.0120**	−0.0120**
	（−2.13）	（−2.06）	（−2.04）	（−2.08）	（−2.11）	（−2.04）	（−2.06）
L.Age	0.0006	−0.0002	0.0022	0.0018	0.0013	0.0021	0.0022
	（0.26）	（−0.08）	（0.93）	（0.79）	（0.55）	（0.93）	（0.95）
Industry	YES	YES	YES	YES	YES	YES	YES
Year	YES	YES	YES	YES	YES	YES	YES
_cons	0.0954***	0.0996***	0.0884***	0.0927***	0.0915***	0.0893***	0.0906***
	（3.59）	（3.75）	（3.34）	（3.44）	（3.42）	（3.34）	（3.38）
N	717	717	717	717	717	717	717
r^2	0.536	0.537	0.528	0.529	0.530	0.528	0.528
F	22.4717***	26.6482***	22.2883***	20.5598***	20.4677***	20.8333***	21.9027***

t statistics in parentheses * $p < 0.1$, ** $p < 0.05$, *** $p < 0.01$

表4-9　稳健性检验

	（1）	（2）	（3）	（4）	（5）	（6）	（7）
	Patent1	Patent2	Patent3	Patent4	Patent5	Patent6	Patent7
FamUcsvr	−0.6727***						
	（−2.76）						
Tfamucscr		−0.2508					
		（−1.09）					
SEPERATE			−0.1276				
			（−1.58）				
Rel_Dir				−0.6979**			
				（−2.17）			
Rel_DAM					−0.2573		
					（−0.52）		
Rel_Man						0.4728*	
						（1.81）	
Rel_Aud							1.1719***
							（2.96）
TotManage	0.0515***	0.0525***	0.0507**	0.0496**	0.0495**	0.0601***	0.0566***
	（2.59）	（2.61）	（2.52）	（2.51）	（2.45）	（2.96）	（2.84）
AvaSlack	−0.0277***	−0.0289***	−0.0306***	−0.0292***	−0.0297***	−0.0304***	−0.0294***
	（−3.99）	（−4.13）	（−4.39）	（−4.19）	（−4.26）	（−4.34）	（−4.19）
PotSlack	0.0670	0.0859	0.0846	0.0843	0.0895	0.0985	0.1068
	（0.82）	（1.04）	（1.03）	（1.02）	（1.08）	（1.18）	（1.29）
Cash	0.3074***	0.3041***	0.3048***	0.3044***	0.3035***	0.3030***	0.3037***
	（6.31）	（6.24）	（6.22）	（6.21）	（6.21）	（6.20）	（6.17）
IntAssInt	2.2206	2.1469	2.3312*	2.0536	2.1768	2.0535	1.9053
	（1.63）	（1.56）	（1.69）	（1.49）	（1.58）	（1.51）	（1.43）
Shr_h10	−0.1969**	−0.1473	−0.1101	−0.1401	−0.1226	−0.1019	−0.1202
	（−2.11）	（−1.61）	（−1.27）	（−1.59）	（−1.40）	（−1.18）	（−1.40）
LMTB	0.0107	0.0118	0.0084	0.0082	0.0104	0.0121	0.0151
	（0.40）	（0.44）	（0.31）	（0.31）	（0.39）	（0.45）	（0.56）
Size	0.2093***	0.1905***	0.1882***	0.1924***	0.1893***	0.1741***	0.1812***
	（3.55）	（3.24）	（3.17）	（3.25）	（3.19）	（2.93）	（3.08）
Beta	0.1620	0.1694	0.1681	0.1417	0.1607	0.1661	0.1876
	（0.70）	（0.73）	（0.72）	（0.61）	（0.69）	（0.72）	（0.81）
Age	−0.0322	−0.0007	0.0597	−0.0114	0.0173	0.0595	0.0818
	（−0.39）	（−0.01）	（0.74）	（−0.14）	（0.21）	（0.74）	（1.04）
Industry	YES	YES	YES	YES	YES	YES	YES
Year	YES	YES	YES	YES	YES	YES	YES
_cons	−8.8352***	−8.6278***	−8.4970***	−8.5663***	−8.6295***	−8.4613***	−8.6857***
	（−7.31）	（−7.10）	（−6.94）	（−7.05）	（−7.08）	（−6.90）	（−7.11）
N	820	820	820	820	820	820	820
r^2	0.207	0.201	0.203	0.205	0.200	0.204	0.210

t statistics in parentheses * $p < 0.1$, ** $p < 0.05$, *** $p < 0.01$

4.5本章小结

本章对家族涉入对研发投资的影响进行分析，研究结果发现：

在所有权层面，家族控制权及现金流权涉入与研发投资显著负相关，两权分离度对研发投资的影响不明显。

在治理层层面，家族在决策层董事会和高管层董监高的涉入程度越高，研发投资越低，但家族在经理层等高管层及监督层监事会的涉入对研发投资虽是负相关，但不显著。

内生性检验结论与主检验结果基本一致。但以发明专利替代研发进行的稳健性检验，结果表明家族在高管层及监督层涉入程度越高，发明专利申请数量越多，其他与主检验结论基本一致。实证结论表明，家族为保护家族财富安全、家族福利等SEW目标，不愿意投资高风险和不确定性强的项目；也不愿意从外部引进专业技术人才或外部融资提高其资本来源，这限制了家族研发创新的资源和长远视野，最终导致家族企业研发投资较低。但专利稳健性检验表明家族在高管层及监督层涉入程度越高，发明专利申请数量越多，说明家族企业涉入程度高虽不利于研发投资，但若家族企业一旦投资后，家族管理层会充分利用其资源提高效率，家族监督层则利用处于所有权层与管理层的有利条件，为企业研发提供充分的咨询和监督服务，最终提高了家族企业研发的产出。这为中国家族企业研发投资及产出提供了新的视角和证据支持。

5　家族涉入与国际化

随着中国加入WTO及经济全球化的发展，企业不仅需要研发来获得持续竞争优势，同时需要通过国际化在世界范围内整合优质资源，开拓国际市场，增强国际竞争力，尤其是在国内市场疲软、家族企业面临转型升级的背景下，因此，本章分析家族涉入对其国际化战略的影响。

随着世界经济一体化的发展和全球化竞争的日益激烈，国际化战略已成为企业发展的重要战略。尤其是伴随着国内企业实力的增强和规模的扩大，越来越多的企业希望通过国际化开拓新的市场，获取新的资源，以取得新的飞跃。家族企业作为中国经济发展的支柱，也是国际化的中坚力量。根据2016年中欧国际工商学院和上海信托联合发布的《中国上市家族企业创新报告》白皮书，家族企业已占据中国A股上市公司半壁江山。而普华永道咨询公司2014年的调查揭示，中国家族企业销售额的15%来自海外销售业务，而普华永道2018年发布的《全球家族企业调研报告》亦表明，中国家族企业销售额的31%来自国际业务，未来将继续增长。可见，为了应对全球化竞争以及获得国际市场的成长机会，国际化战略将成为家族企业可持续发展的必然选择。但实施国际化战略，不仅需要企业投入大量的人力资源和财务资源，甚至还需要企业改变原有的治理结构，这对于家族企业来说是一种充满风险的战略行为。因为家族企业是家族与企业的集合体，家族涉入企业作为一种特殊的治理模式，虽带来特殊的资源和优势，利于家族实施其战略决策和长远目标，但家族涉入企业带来的制度化不足、任人唯亲、决策保守等问题也可能成为其发展的桎梏。因此，在此背景下，研究家族涉入对企业国际化战略的影响，意义重大。

5.1理论分析与研究假说

学者普遍认为，家族企业具有强烈的国际化动机，因为家族涉入程度越高，保护SEW的动机越强，决策导向越趋向长期，家族企业为实现其可持续发展和家族王朝永垂不朽，更希望实施国际化以规避风险。然而现实中，家族企业在国际化方面的表现并不积极。Gomez-Mejia等（2010）探讨了家族所有权与国际化之间的关系，发现家族企业在所有权层面涉入程度越高，越少采取国际化战略。[1]Merino等（2015）以西班牙的中小型企业为样本研究家族涉入与国际化的关系，也发现家族涉入管理层或治理层对国际化并无显著影响。[2]但Chen和Hsu（2014）却发现台湾地区家族企业持股比例越高，国际化水平越高。[3]可见，学者们的结论并不统一。对中国家族企业而言，"家文化"的渗透可能会进一步强化社会情感财富对家族企业战略决策的重要性，那么国内家族涉入对国际化战略的影响是什么样的呢？

5.1.1所有权层面

家族在所有权层的涉入主要体现在以下三个方面：一是家族持股比例，即现金流权涉入；二是家族控制权涉入；三是两权分离度。

代理理论认为，家族企业持股比例越高，意味着家族财富集中于企业中，家族更希望把家族财富传承给后代，为实现可持续发展和家族王朝的永垂不朽，家族决策视野趋向长期导向，可能会增加对国际化的投资，因为国际化可以帮助家族企业获取更多的资源和市场，转移家族在国内的部分

[1] Gomez-Mejia L R, Makri M, Kintana M L. Diversification decisions in family-controlled firms[J]. Journal of Management Studies, 2010, 47(2): 223-252.

[2] Merino F, Monreal-Pérez J, Sánchez-Marín G. Family SMEs' Internationalization: Disentangling the Influence of Familiness on Spanish Firms' Export Activity[J]. Journal of Small Business Management, 2015, 53(4): 1164-1184.

[3] Chen H L, Hsu W T, Chang C Y. Family ownership, institutional ownership, and internationalization of SMEs[J]. Journal of Small Business Management, 2014, 52(4): 771-789.

风险。①但国际化也是一把双刃剑，国际化由于市场不在国内，包含更多的不确定性和不可控因素，稍有不慎可能满盘皆输，危及家族财产安全和家族地位。因此，家族最终可能会规避风险，降低对国际化的投入。社会情感财富理论也认为保护家族的SEW是家族企业战略决策的关键特征，如果一项投资会造成家族福利损失，家族会尽量规避这种战略。②而国际化通常需要充足的资金，仅仅依靠家族内部资金难以保证国际化的顺利实施，但外部融资会削弱家族的权力、权威和影响力。若债券融资会使家族受到债权人的监督，而股权融资会招致股东的监管甚至降低家族的持股比例，最终影响家族福利和家族目标的实现，损害SEW。此外，实施国际化可能会引起家族企业治理结构的变化，家族所有者会觉得自己的影响力受到威胁。综上，尽管国际化利于家族获取资源和市场，转移国内市场的风险，但国际化的不利之处也很明显，可能危及家族福利、家族目标，甚至危及企业当前的地位，带来SEW的损失。因此，家族持股比例越高，家族可能越会阻碍国际化战略的实施。

在中国特殊制度和文化背景下，保持控制权对家族来说至关重要，一方面因为在某些方面中国法律制度和产权保护不够完善，家族若不能有效控制企业，很容易失去家族在企业中的权威地位，危及家族的SEW；另一方面，社会情感财富理论认为，保持家族对企业的控制是实现SEW的基础，因为家族非经济目标的实现依赖于家族对企业的控制，如家族领导者通过控制企业为家族成员谋取福利，攫取企业资源用于家族目标的实现等。虽然国际化有利于帮助家族走向世界，在世界范围内配置资源，利于提高家族企业的竞争

① Jensen M C, Meckling W H. Theory of the firm: Managerial behavior, agency costs and ownership structure[J]. Journal of Financial Economics, 1976, 3(4): 305-360.

② Gómez-Mejía L R, Haynes K T, Núñez-Nickel M, et al. Socioemotional wealth and business risks in family-controlled firms: Evidence from Spanish olive oil mills[J]. Administrative Science Quarterly, 2007, 52(1): 106-137.

力，但国际化的负面影响也是不容忽视的。因为国际化意味着企业需要去适应新的制度和政治市场环境，资源基础观认为家族涉入企业程度高会导致家族企业资源受限、人才匮乏且盲目规避风险，这都不利于国际化战略的成功实施。而家族要想改变这一局限，成功实施国际化战略，意味着家族企业需要任用具备国际化经验的专门人才，以处理国际化过程中可能存在的文化冲突和贸易摩擦等问题。但聘用非家族成员可能会激化家族成员与非家族成员间的矛盾，增加信息不对称，弱化家族权威和认同，最终危及家族控制权，从而损害SEW。尽管家族控制权比例较高，家族也可能希望通过国际化提高其国际竞争力和实现可持续发展，但当控制权受到威胁时，家族显然会优先选择保持其控制权。因此，家族控制权比例越高，为保护SEW和实现其控制权收益，家族可能较少地选择国际化战略。

此外，我国大部分家族企业都是由创业者一手建立的，家族持股比例普遍较高，而且大都经营权与管理权合一，两权分离度比较高，虽然这样利于家族追求长远发展，投资导向趋向长期，但两权合一也会带来两方面的问题。一是家族两权合一虽减少了第一类代理问题，但家族可能利用手中的权力实现家族目标，而非股东利益最大化，即家族实际控制人可能会运用控制权侵害外部股东利益，把企业当作获取SEW非经济利益的工具。如Gomez - Mejia等（2011）认为，家族涉入使得家族企业在做战略决策时，会较多地考虑情感需求，[①]这导致家族所有权比例越高，其企业的国际化水平越低。二是资源基础理论认为，国际化需要一定的人力资源和财务资源，家族两权分离度越高，家族高管越可能为实现家族福利，攫取企业资源用于在职消费和家族利他等行为，而这会影响家族正常资源和现金的使用，降低了对国际化等项目的投资。尽管国际化可以为家族企业提供新的市场和资源，但其风险和不确定性可能会损害家族控制权、危及家族福祉、损失SEW。因此，两权

---

① Gomez-Mejia L R, Cruz C, Berrone P, et al. The bind that ties: Socioemotional wealth preservation in family firms[J]. The Academy of Management Annals, 2011, 5(1): 653-707.

分离度越高的企业保护SEW的意愿和能力越强，越会减少对国际化的投资。

基于上述讨论，我们提出以下假设：

H1：家族企业在所有权层面涉入程度越高，国际化水平越低；

H1a：家族企业在控制权涉入程度越高，国际化水平越低；

H1b：家族企业在现金流权涉入程度越高，国际化水平越低；

H1c：家族企业两权分离度越高，国际化水平越低。

5.1.2 治理层层面

高阶理论认为企业的战略决策不仅取决于外在的经济技术环境，还取决于战略决策者的价值观和意识形态。它的基本观点是认为高层管理人员对企业的战略决策起决定性作用，企业的投资行为实际上是高层管理者个人倾向和风险偏好的反映。管理学的文献也表明，高管的个人倾向显著影响企业战略选择和投资行为（Miller&Toulouse，1986；Papadakis&Barwise，2002）。[1][2]已有研究证实家族成员在治理层任职将显著影响企业战略决策（Lubatkin et al.，2006），[3]如Kraicy（2015）发现当家族成员在高管团队任职比例较高时，其对SEW的考虑导致家族决策行为趋于保守，降低高管的风险承担，从而降低高管的判断力。因此，探讨家族涉入对国际化战略的影响，除了考虑所有权层面的涉入外，还要考虑家族在治理层的涉入，因为家族高管对家族目标的追求会影响家族企业的国际化战略决策。

第一，家族成员进入董事会，可能会注重SEW的保护，优先追求家族目标，致力于保持其独立性和控制权，但这可能不利于家族企业的国际化。一

---

① Miller D, Toulouse J-M. Chief executive personality and corporate strategy and structure in small firms[J]. Management Science, 1986, 32(11): 1389-1409.

② Papadakis V M, Barwise P. How much do CEOs and top managers matter in strategic decision-making?[J]. British Journal of Management, 2002, 13(1): 83-95.

③ Lubatkin M H, Simsek Z, Ling Y, et al. Ambidexterity and performance in small-to medium-sized firms: The pivotal role of top management team behavioral integration[J]. Journal of Management, 2006, 32(5): 646-672.

方面，对企业来说，大部分企业都需要从外部获得资源来维持企业生存并实现长期发展，家族企业也不例外。资源基础理论认为家族企业要想成功实施国际化，应该扩大其董事会成员构成，聘请非家族成员担任董事，因为非家族成员董事的个人经验和社会资源可以为家族企业创造与外部资源的广泛联系，为企业的国际化战略提供建议和咨询，而且可以通过他们自身的国际化经验和知识，帮助家族企业制定和实施国际化战略，弥补家族企业发展所必需的资源。但带来的问题是非家族成员比例过高会危及家族权威和控制权，这对家族社会情感财富的保护是不利的，家族可能会抵制国际化战略。另一方面，董事会中家族成员比例过高，意味着家族企业对资源分配有更高的决策力，他们对企业战略和投资项目选择有更直接和实时的影响，因而更有权力分配资源，但家族可能会将资源用于与经济目标相冲突的其他机会，从而达到家族非经济目标的实现，如保护SEW和企业控制权，这最终会影响国际化所需要的稀有资源的分配，阻碍国际化战略的实施。

第二，家族涉入管理层也不利于家族企业国际化战略的实施。因为国际化往往需要借助更多的外部因素，如国际化地区的资源和文化等，而且国际化战略由于不在国内，其复杂性和不确定性使得家族企业要想顺利实施国际化战略，需要任用具备处理国际化问题的专业人才和经理人员，而家族内部的人力资源往往是有限的，但聘用非家族成员任职可能会削弱家族对企业的管理和控制。[①]同时，由于家族管理层自身知识和能力有限，即使他们从外面聘请专门人才辅助企业实施国际化，但他们往往不能形成有效的监督体制，以确保非家族经理人员在国外市场按照家族意愿和利益行事，而这可能导致家族控制权的损失。因此，家族管理层为保持其控制权和决策权，可能会做出有利于保持其权力和权威的决策，如任命不合格的家族成员担任管理层，即使家族成员不具备处理国际化过程中复杂问题所需要的专长和能力。

---

① 周立新. 社会情感财富与家族企业国际化: 环境动态性的调节效应研究[J]. 商业经济与管理, 2016 4): 5-14.

而这又进一步导致家族高管智库匮乏，最终会限制家族企业国际化战略的实施。因此，家族在管理层涉入程度越高，为保持其控制权越会阻碍国际化战略的实施。

第三，监事会作为企业的监督层，主要职责是监督企业决策层、管理层所做的战略及具体运营决策是否符合企业利益，保护小股东的利益免受大股东的侵害，在家族企业里尤其如此。此外，监事会成员中若包含具备相关专长的专业人员，有利于减少管理层的短视行为，推动家族企业战略决策以长期为导向，促进资源的优化配置。如果家族成员在监事会任职比例过高，可能会影响监事会职能的正常发挥。因为：一是家族在监事会涉入越高，由于家族利益会降低监事会的独立性，影响其权力的正常行使，不能真正监督家族的管理层，可能对家族高管的违规行为坐视不管，而这实际上间接纵容了管理层的堑壕行为，如攫取企业资源满足个人需要或家族福利等SEW需求，最终影响企业资源的有效使用；二是监事会若能正常履行职能，其独立性和监督职能有利于减少家族的机会主义行为，促使其决策视野长远。[①]但当家族成员在监事会任职比例过高时，家族可能首先追逐眼前利益，如进行现金分红，增加家族福利，而不是考虑如何实现可持续发展，提高核心竞争力。家族对SEW的追求，虽然短期内满足了家族需要，但从长远来看，减少了企业用于正常投资项目的资源，阻碍了家族成长战略的实施推广，如需要较多人力和财务资源投入的国际化战略，最终不利于家族竞争力的提升和可持续发展。

基于上述讨论，我们提出以下假设：

H2：家族企业在治理层涉入程度与国际化呈显著负相关关系；

H2a：家族企业在决策层涉入程度越高，国际化水平越低；

H2b：家族企业在管理层涉入程度越高，国际化水平越低；

---

① Anderson R C, Reeb D M. Board composition balancing family influence in S&P 500 firms[J]. Administrative Science Quarterly, 2004, 49(2): 209-237.

H2c：家族企业在监督层涉入程度越高，国际化水平越低。

5.2研究设计

5.2.1 样本选择与数据来源

笔者以2004—2012年中国中小板及创业板上市家族企业为研究样本，并对样本做了如下处理：①剔除金融行业的公司，金融行业会计准则与其他行业会计准则有较大差异，相关指标在金融行业与非金融行业之间不具有可比性，在此，笔者遵从研究惯例，予以剔除；②剔除了其他财务数据缺失的公司；③为了降低异常值的影响，针对连续变量的5%和95%百分位进行Winsorize处理，最终获取869家样本（共计2846个观测值）。本书的数据主要来自CSMAR和WIND数据库，家族涉入的数据为手工整理所得。以下描述性统计及实证结果均基于处理后的数据结果。样本分布详情见表5-1。由表可知，样本的年度分布整体呈现逐年上升的趋势，2004年29个，到2010年达到267个，2011年226个，说明家族企业国际化水平越来越高。笔者所采用的数据整理及统计分析软件为STATA14。

表5-1　样本年度分布表

年份（年）	公司数（个）	百分比（%）	累积百分比（%）
2004	29	3.340	3.340
2005	8	0.920	4.260
2006	29	3.340	7.590
2007	66	7.590	15.19
2008	56	6.440	21.63
2009	74	8.520	30.15
2010	267	30.72	60.87
2011	226	26.01	86.88
2012	114	13.12	100
Total	869	100	

5.2.2 检验模型

为了检验前面提出的假设，笔者建立了如下模型：

家族涉入所有权层面：

$$FSTS = \alpha_0 + \alpha_1 FamUcsvr + \alpha_2 Foreign + \alpha_3 Shr\_h10 + \alpha_4 Growth + \alpha_5 Firmsize + \alpha_6 \ln AGE + \alpha_7 Industry + \alpha_8 Year + \varepsilon \tag{5-1}$$

$$FSTS = \alpha_0 + \alpha_1 Tfamucscr + \alpha_2 Foreign + \alpha_3 Shr\_h10 + \alpha_4 Growth + \alpha_5 Firmsiz + \alpha_6 \ln AGE + \alpha_7 Industry + \alpha_8 Year + \varepsilon \tag{5-2}$$

$$FSTS = \alpha_0 + \alpha_1 SEPERATE + \alpha_2 Foreign + \alpha_3 Shr\_h10 + \alpha_4 Growth + \alpha_5 Firmsiz + \alpha_6 \ln AGE + \alpha_7 Industry + \alpha_8 Year + \varepsilon \tag{5-3}$$

家族涉入治理层层面：

$$FSTS = \alpha_0 + \alpha_1 Rel\_DAM + \alpha_2 Foreign + \alpha_3 Shr\_h10 + \alpha_4 Growth + \alpha_5 Firmsize + \alpha_6 \ln AGE + \alpha_7 Industry + \alpha_8 Year + \varepsilon \tag{5-4}$$

$$FSTS = \alpha_0 + \alpha_1 Rel\_Man + \alpha_2 Foreign + \alpha_3 Shr\_h10 + \alpha_4 Growth + \alpha_5 Firmsiz + \alpha_6 \ln AGE + \alpha_7 Industry + \alpha_8 Year + \varepsilon \tag{5-5}$$

$$FSTS = \alpha_0 + \alpha_1 Rel\_Dir + \alpha_2 Foreign + \alpha_3 Shr\_h10 + \alpha_4 Growth + \alpha_5 Firmsiz + \alpha_6 \ln AGE + \alpha_7 Industry + \alpha_8 Year + \varepsilon \tag{5-6}$$

$$FSTS = \alpha_0 + \alpha_1 Rel\_Aud + \alpha_2 Foreign + \alpha_3 Shr\_h10 + \alpha_4 Growth + \alpha_5 Firmsiz + \alpha_6 \ln AGE + \alpha_7 Industry + \alpha_8 Year + \varepsilon \tag{5-7}$$

其中，FSTS代表家族企业国际化程度，在这里，用海外销售额占总销售额的比重来度量。FamUcsvr表示实际控制人家族控制权比例，Tfamucscr为家族现金流权（又称所有权）比例，SEPERATE表示家族控制权与所有权的分离度，用这3个指标来衡量家族在所有权层面的涉入度。Rel_Dir、Rel_DAM、Rel_Man、Rel_Aud均是对家族涉入治理层的度量，具体解释及其他变量的含义及度量见下节。

5.2.3 变量及其度量

（1）被解释变量

FSTS家族企业国际化程度，用海外销售额占总销售额的比重来测量。

（2）解释变量

所有权层面：FamUcsvr表示实际控制人家族控制权比例，Tfamucscr为家族现金流权（又称所有权）比例，SEPERATE表示家族控制权与所有权的分离度。

治理层层面：决策层涉入：Rel_Dir家族成员在董事会的占比。

管理层涉入：笔者采用两个指标，一是Rel_DAM整个董监高中的家族成员占比，二是Rel_Man高级管理层（即总经理、副总经理等人）的家族成员占比。

监督层涉入：Rel_Aud监事会中家族成员占比。

控制变量：依据前人研究，本书控制了公司规模（Firmsize）、公司年龄（lnAGE）、有无外资股（Foreign）、有无非家族持股大于10%（Shr_h10）、成长机会（Growth）、资产负债率（LEV）及行业和时间虚拟变量。

表5-2 变量代码及定义表

变量类型	变量名称	代码	变量设计
因变量	国际化	FSTS	企业海外销售额与总销售额之比
自变量	家族在所有权层面涉入	FamUcsvr	家族控制权，首先根据每个家族成员与上市公司股权关系链或若干股权关系链中最弱的一层或最弱的一层的总和计算出每个家族成员的控制权，然后对其加总计算出整个家族的控制权
		Tfamucscr	家族现金流权，首先根据每个家族成员与上市公司股权关系链每层持有比例相乘或与上市公司股权关系链每层持有比例相乘之总和计算出家族成员的现金流权，然后对其加总计算出整个家族的现金流权
		SEPERATE	两权分离度，家族控制权比例/家族现金流权比例
	家族在管理层涉入	Rel_DAM	董事会、管理层及监事会任职的家族成员人数/董、监、高总人数
		Rel_Man	管理层任职的家族成员人数/管理层总人数
自变量	家族在决策层涉入	Rel_Dir	董事会任职的家族成员人数/董事会总人数
	家族在监督层涉入	Rel_Aud	监事会任职的家族成员人数/董事会总人数

续表

变量类型	变量名称	代码	变量设计
控制变量	外资参股	Foreign	虚拟变量，是否存在外资股参股，存在取值1；反之，取值0
	公司规模	Firmsize	销售收入的自然对数
	公司年龄	lnAGE	公司自成立年份起的年数，取自然对数
	成长机会	Growth	营业收入增长率=（本期营业收入-期初营业收入）/期初营业收入
	有无非家族持股大于10%	Shr_h10	虚拟变量，当存在与家族无关且持股10%以上的股东时取值1，否则为0
	资产负债率	LEV	总负债/总资产
	行业	Industry	以证监会行业分类标准划分，其中制造业细分为二级子行业，共设19个虚拟变量
	年度	Year	9个研究年度取8个虚拟变量

5.3实证结果及分析

5.3.1描述性统计分析

表5-3列出了主要变量的描述性统计特征。家族企业国际化的平均值为0.17，最小值为0，最大值为1.32，标准差为0.26，可知家族企业国际化的范围在0与1.32之间，变化差异较大，均值0.17较低。总体上看，我国家族企业国际化水平还比较低。所有权层面：家族在控制权涉入的平均值为47%，最小值为22%，最大值为72%，标准差为26%，3/4分位数为60%，说明家族企业中有接近75%的企业控制权在60%左右，说明家族在控制权的涉入程度较高，牢牢掌握着家族控制权，而且涉入程度差异较大。家族在现金流权涉入的平均值为42%，最小值为16%，最大值为69%，标准差为16%，中位数为41%，说明家族企业中有近50%的企业的家族持股比例在40%左右，也表明家族企业中家族持股比例普遍较高。比较家族控制权与现金流权涉入度可以看出家族企业的现金流权比控制权稍低，存在两权分离的情况。通过对两权分离度的统计可知，家族企业控制权和现金流权的分离程度中位数为1，均值为1.16，3/4分位数只有1.21，这说明在我国中小板和创业板上市的家族企业

中，控制权与现金流权分离程度并不高。治理层层面：家族在董事会决策层涉入均值为21%，最小值为9%，最大值为44%，即样本公司里董事会中平均有21%的董事来自实际控制家族；家族在董监高涉入的平均值为13%，最小值为5%，最大值为29%；家族在经理层等管理层涉入的平均值为16%，最小值为0，最大值为50%，说明家族成员在企业管理层及决策层任职是普遍现象，而且有的企业家族成员占比还比较高。家族涉入监事会程度相对较低，平均值为3%，最小值为0，最大值为33%。由上可知，家族涉入决策层及管理层的程度较深。

表5-3　主要变量的描述性统计

变量	观测值	均值	中位数	最小值	最大值	标准差	1/4分位数	3/4分位数
FSTS	2846	0.170	0.0300	0	1.320	0.260	0	0.240
FamUcsvr	2846	0.470	0.460	0.220	0.720	0.150	0.350	0.600
Tfamucscr	2846	0.420	0.410	0.160	0.690	0.160	0.280	0.550
SEPERATE	2846	1.160	1	1	1.930	0.290	1	1.210
Rel_Dir	2846	0.210	0.200	0.0900	0.440	0.110	0.110	0.290
Rel_DAM	2846	0.130	0.130	0.0500	0.290	0.0700	0.0700	0.180
Rel_Man	2846	0.160	0.170	0	0.500	0.150	0	0.250
Rel_Aud	2846	0.0300	0	0	0.330	0.100	0	0
Foreign	2846	0.0900	0	0	1	0.290	0	0
Shr_h10	2846	0.280	0	0	1	0.450	0	1
Growth	2552	0.130	0.0900	−0.0100	0.400	0.110	0.0400	0.190
Firmsize	2846	20.36	20.29	18.91	22.13	0.900	19.65	21
LEV	2846	0.290	0.270	0.0500	0.630	0.180	0.140	0.430
lnAGE	2844	1.970	2.080	0.690	2.770	0.560	1.610	2.400

控制变量方面，有无外资参股中位数、1/4分位数及3/4分位数都是0，说明家族企业中外资参股比例较低；有无非家族持股的3/4分位数是1，说明家族企业中有近75%的企业中有非家族持股比例高于10%。家族企业成长机会

均值为13%，中位数为9%，最大值为40%，标准差为11%，3/4分位数为19%，说明家族企业面对的成长机会差异较大，但总体看未来成长机会较大。用公司销售收入的自然对数衡量的公司规模均值为20.36，最小值为18.91，最大值为22.13，可见家族企业规模相当；资产负债率均值为29%，中位数为27%，最小值为5%，最大值为63%，说明家族企业负债比率适中，普遍不高；取对数后的公司年龄均值为1.97，最小值为0.69，最大值为2.77，说明家族企业大都较年轻。

变量的相关性分析结果见表5-4。首先看Pearson相关系数，在所有权层面，家族控制权、现金流权及两权分离度与国际化水平的相关系数均为正，但只有两权分离度的系数在5%水平上显著；在治理层层面，家族在董事会、董监高及经理层的涉入的相关系数均为正，但也只有家族在高管层的涉入与国际化相关系数在1%水平上显著；而家族在监督层监事会涉入与国际化水平的相关系数为负且在10%水平上显著。再看Spearman相关系数，在所有权层面，家族控制权、现金流权与国际化水平的相关系数均为负但不显著，而两权分离度与国际化水平的相关系数为正且在10%水平上显著；在治理层层面，家族在董事会、董监高及经理层的涉入的相关系数均为正且均在1%水平上显著；而家族在监督层监事会涉入与国际化水平的相关系数为负但不显著。可见，Pearson相关系数与Spearman相关系数存在一定程度的差异。解释变量，不论是Pearson相关系数还是Spearman相关系数，家族控制权、家族现金流权的相关系数接近0.9，家族现金流权与两权分离度的相关系数约为0.5，家族在董事会涉入与董监高涉入相关系数超过0.8，家族在董监高涉入与高管层涉入相关系数接近0.7，家族在监事会涉入与董监高涉入相关系数接近0.5。因此，本书将7个解释变量分别放到不同的模型中。控制变量中有无外资参股、资产负债率及企业规模与国际化显著正相关；企业成长机会、企业年龄与国际化显著负相关，说明控制变量与被解释变量之间的关系也比较合理。比如企业规模与国际化水平显著正相关，表明家族企业规模越大，为进一步寻找成长空间，家族会趋向国际化以进一步做大做强。

通过计算回归分析模型中各自变量的方差膨胀因子（VIF）得知，除了虚拟变量及家族控制权、现金流权涉入方差膨胀因子大于10外，其他变量的方差膨胀因子最大值均小于10，而且均值小于6。结果表明，各变量之间不存在严重的多重共线性问题，可进行下一步的回归分析。

5.3.2实证结果分析

表5-5　面板固定效应回归结果

	（1） FSTS1	（2） FSTS2	（3） FSTS3	（4） FSTS4	（5） FSTS5	（6） FSTS6	（7） FSTS7
FamUcsvr	−0.1098★★ （−1.96）						
Tfamucscr		0.0080 （0.13）					
SEPERATE			−0.0109 （−0.43）				
Rel_Dir				−0.0654 （−1.13）			
Rel_DAM					−0.2166★★ （−2.45）		
Rel_Man						−0.0058 （−0.21）	
Rel_Aud							−0.0893★★ （−2.14）
Foreign	0.0245★★ （2.55）	0.0241★★ （2.50）	0.0240★★ （2.50）	0.0236★★ （2.45）	0.0222★★ （2.30）	0.0240★★ （2.50）	0.0232★★ （2.42）
Shr_h10	−0.0321★★★ （−3.89）	−0.0311★★★ （−3.76）	−0.0309★★★ （−3.73）	−0.0311★★★ （−3.77）	−0.0311★★★ （−3.78）	−0.0313★★★ （−3.79）	−0.0318★★★ （−3.85）
Growth	−0.0155 （−0.82）	−0.0123 （−0.65）	−0.0121 （−0.64）	−0.0133 （−0.71）	−0.0141 （−0.75）	−0.0125 （−0.67）	−0.0125 （−0.67）
Firmsize	0.0086 （1.12）	0.0069 （0.90）	0.0072 （0.93）	0.0072 （0.94）	0.0085 （1.11）	0.0070 （0.91）	0.0074 （0.97）
LEV	0.0235 （0.86）	0.0209 （0.76）	0.0212 （0.77）	0.0208 （0.76）	0.0183 （0.67）	0.0207 （0.76）	0.0224 （0.82）
lnAGE	−0.0009 （−0.05）	0.0029 （0.17）	0.0024 （0.14）	0.0022 （0.13）	0.0011 （0.07）	0.0026 （0.15）	−0.0002 （−0.01）
Industry	YES	YES	YES	YES	YES	YES	YES

续表

	（1）	（2）	（3）	（4）	（5）	（6）	（7）
	FSTS1	FSTS2	FSTS3	FSTS4	FSTS5	FSTS6	FSTS7
Year	YES	YES	YES	YES	YES	YES	YES
_cons	0.1398	0.1024	0.1136	0.1161	0.1172	0.1063	0.1032
	（0.84）	（0.60）	（0.68）	（0.70）	（0.70）	（0.64）	（0.62）
N	2600	2600	2600	2600	2600	2600	2600
r^2_w	0.0666	0.0644	0.0645	0.0651	0.0678	0.0645	0.0670
F	3.9316***	3.7950***	3.8012***	3.8396***	4.0088***	3.7960***	3.9574***

t statistics in parentheses ＊ $p < 0.1$, ＊＊ $p < 0.05$, ＊＊＊ $p < 0.01$

　　表5-5报告了家族涉入对国际化的影响，从模型（1）~模型（3）可以看出，家族控制权FamUcsvr及两权分离度SEPERATE估计系数为负，而家族现金流权Tfamucscr的估计系数为正，但只有家族控制权在5%水平上显著，说明家族在控制权涉入的程度越高，家族为维持家族权威和地位，越会排斥需要较多资金投入、可能带来较高风险和不确定性进而危及家族福利的国际化战略。而家族现金流权涉入及两权分离度不显著，可能是因为，家族持有现金流权比例越高，家族两权分离度越高，更希望通过国际化开拓新市场，以获得新资源，减少国内市场的冲击，因此，看到现金流权估计系数为正，而两权分离度为负但不显著，假设1得到部分验证。模型（4）~模型（7）表明家族在董监高及监事会涉入程度的估计系数在5%水平上显著，说明家族在管理层及监督层涉入程度与家族国际化水平是显著负相关关系，家族成员在管理层任职比例越高，受自身知识、经验及专长等的限制及为保护家族SEW，导致风险规避意识较强，不愿进行国际化；而家族在监督层涉入程度越高，其独立性和对企业管理层的监督职能越不能得到有效发挥，可能会顺应家族需求优先追求家族SEW目标，导致其国际化水平越低；而模型（4）Rel_Dir家族在董事会涉入的估计系数为负虽不显著，但t值为1.13接近显著；而模型（6）Rel_Man的估计系数虽不显著但为负，家族在决策层及高层涉入对国际化的影响不是很显著，可能是因为国际化战略有较高的风险和不确定性，董事会作为决策层家族成员比例越高，其决策时可能越谨慎；而高管层负责日常经营管理，若进行国际化，高管层将首当其冲，所以家族在高管层任职比

例越高，受其能力及经验的限制，家族高管对国际化也会谨小慎微，因此，假设2基本得到支持。综上表明，家族涉入程度越高，家族国际化水平越低，不论家族在所有权层面的涉入还是治理层层面的涉入，家族涉入程度高都不利于国际化。这说明尽管国际化可以为企业寻找更广的空间和资源，但家族为保护家族控制权、家族福利和家族财富等，会减少国际化的投入，因为国际化通常需要从家族企业外部引入资本及相关专业人才，而这会削弱家族影响力，甚至会危及家族控制权，即家族对SEW目标的追求及家族内部资源的限制，阻碍了国际化战略的实施。

5.4本章小结

本章对家族涉入对国际化水平的影响进行了分析。研究结果发现：第一，在所有权层面，家族控制权涉入与国际化显著负相关，家族现金流权涉入及两权分离度对研发投资的影响不明显；第二，在治理层层面，家族在管理层董监高和监督层监事会的涉入程度越高，国际化程度越低，但家族在决策层董事会的涉入、经理层高管层的涉入对国际化的影响虽不显著，但是负相关。实证结论表明，在全球化竞争激烈的今天及家族企业面临二代传承和战略转型的背景下，尽管国际化可以为企业提供更广的空间和资源，但由于国际化不是在本国而是远赴异国他乡，其带来的不确定性和高风险也是家族企业深为忌惮的，因为家族企业自身的资本及人力资源毕竟有限，而国际化通常需要从家族企业外部引入资本及相关专业人才来解决国际化过程中的瓶颈和困难，而这会削弱家族影响力，甚至危及家族控制权，家族为保护家族财富安全、家族福利等SEW目标，最终导致家族企业国际化水平较低，这与SEW理论及资源基础理论等预期一致。

6 家族涉入与多元化

　　第四章和第五章分别探讨了家族涉入对研发及国际化战略的影响，本章将分析家族涉入对多元化战略的影响，因为家族企业不仅需要通过研发和国际化来增强核心竞争力，形成有竞争优势的产业，同时，还需要通过多元化战略来分散投资单一行业的风险，这样才能实现家族企业的可持续发展和基业长青。

　　企业战略是影响企业未来发展的重要因素，企业应该根据其所处的发展阶段选择与之相适应的战略。在企业成立的初级阶段，可通过资源战略和局部市场战略等在市场中占有一席之地；在成长阶段，则可通过成长型战略或竞争性战略进一步扩大规模，提高竞争力；而在成熟阶段，企业则应该实施多元化战略，通过多元化经营分散风险。多元化战略最早是由美国学者安索夫（Ansoff）于20世纪50年代提出的，它是指企业发展到一定阶段，为实现可持续发展而采取的一种扩展战略，如通过开发新产品等实现相关多元化或非相关多元化，来获得规模效益和长期稳定发展。①当前，中国家族企业大都由初创期进入成熟期，正处于战略转型的关键时期。尤其随着我国市场经济的发展和完善，那种只要生产就创造利润的买方市场已经一去不复返，在此背景下，家族急需通过多元化来分散风险，实现规模收益，因此，探讨家族企业的多元化战略意义重大。但家族企业因为家族与企业的结合使得家族治理成为特殊的治理机制，而家族治理的最大特点是家族在企业内的涉入，不管是在有权层还是在董监高等治理层，都使得家族企业的战略决策不同于非家族企业，因此，研究家族涉入对家族企业多元化战略的影响，利于解答家族企业转型阶段的战略选择。

---

① Ansoff H I. Strategies for diversification[J]. Harvard Business Review, 1957, 35(5): 113-124.

6.1理论分析与研究假设

多元化战略研究表明，由于家族在企业涉入层面和涉入程度的差异，家族企业多元化水平表现出极大差异。如Anderson和Reeb（2003）研究发现，家族持股比例与企业多元化水平显著负相关。Gomez-Mejia等（2010）以标准普尔工业企业为样本也发现同样的结论，即家族在所有权层面涉入程度越高，企业多元化水平越低。[①]而Schmid和Ampenberger（2015）以德国家族企业为样本，探究家族企业多样性对企业多元化战略的影响，发现家族所有的企业多元化水平较高，而家族管理的企业多元化水平相对较低。[②]Miller（2009）等以财富1000强的公司为样本，以代理理论为基础，研究了家族企业风险偏好对其兼并的数量及多元化的影响，发现家族所有权与兼并的数量和多元化成正向关系，即家族所有权比例越高，家族所有者为分散商业风险将财富传承后代，兼并的数量和多元化程度就越高。[③]可见，家族企业在所有权、管理层的涉入对多元化战略的影响是不同的，而且家族涉入对多元化战略的影响的结论不一，样本也以发达国家经济体为主。因此，探讨家族涉入所有权层、治理层对中国家族企业多元化战略的影响是必要的。

6.1.1所有权层面

第一，家族持股比例越高，家族为保护社会情感财富更愿意把家族财富传承给后代。Miller等（2014）研究发现，家族持股比例越高，战略决策越偏好长期导向，会延长投资评估期。[④]诸多研究表明，家族对

① Gomez-Mejia L R, Makri M, Kintana M L. Diversification decisions in family-controlled firms[J]. Journal of Management Studies, 2010, 47(2): 223-252.

② Schmid T, Ampenberger M, Kaserer C, et al. Family Firm Heterogeneity and Corporate Policy: Evidence from Diversification Decisions[J]. Corporate Governance: An International Review, 2015, 23(3): 285-302.

③ Miller D, Le Breton-Miller I, Lester R H. Family ownership and acquisition behavior in publicly-traded companies[J]. Strategic Management Journal, 2009, 2(31): 201-223.

④ Miller D, Breton-Miller L. Deconstructing socioemotional wealth[J]. Entrepreneurship Theory and Practice, 2014, 38(4): 713-720.

财富传承和可持续发展等SEW的追求，引导家族更关注企业的长期生存（Chrisman&Patel，2012；Lumpkin&Brigham，2011；何轩等，2014）。[1][2][3]多元化经营虽然也存在不确定性，但对于成熟期的家族企业，有助于分散风险、实现可持续发展。因为多元化有利于企业充分利用资源，最大可能获取市场资源，充分发挥企业能力优势，降低单一业务对企业发展的限制，从而获取利润以实现持续稳定成长。因此，家族在所有权层涉入程度越高，越会重视企业的长期生存与发展，愿意实施多元化战略以分散风险和增强竞争力。此外，代理理论还认为，家族企业持股比例越高，意味着家族财富集中于企业中，家族在投资时会更加审慎，会避免把所有鸡蛋放到一个篮子里，因为若投资失败，家族财富可能瞬间化为乌有，严重威胁家族企业的生存。因此，家族持股比例越高，家族企业越愿意把家族财富传承给后代，为提高把财富成功传承给后代的合法性，家族企业所有者会注重多元化投资以降低经营风险，以保护财产安全。

第二，家族控制权比例越高，家族越希望把企业控制在家族内，以实现对家族SEW的保护（Berrone et al.，2012）。[4]社会情感财富理论认为，家族不仅追求经济目标，还追求满足家族情感需求的非经济目标，如家族地位、家族声誉和家族王朝的永垂不朽等。而家族这些非经济利益的实现依赖于家族对企业的控制，因为一旦失去家族对企业的控制，可能导致家族亲情淡化、家族地位下降等。多元化战略可以避免家族企业仅投资单一行业带来的

① Chrisman J J, Patel P C. Variations in R&D investments of family and non-family firms: Behavioral agency and myopic loss aversion perspectives[J]. Academy of Management Journal, 2012, 55(4): 976-997.

② Lumpkin G T, Steier L, Wright M. Strategic entrepreneurship in family business[J]. Strategic Entrepreneurship Journal, 2011, 5(4): 285-306.

③ 何轩, 宋丽红, 朱沆等. 家族为何意欲放手?——制度环境感知、政治地位与中国家族企业主的传承意愿[J]. 管理世界, 2014, (2): 90-101.

④ Berrone P, Cruz C, Gomez-Mejia L R. Socioemotional wealth in family firms theoretical dimensions, assessment approaches, and agenda for future research[J]. Family Business Review, 2012, 25(3): 258-279.

财务和经营风险，利于帮助家族扩大规模、分散风险、获取规模收益；同时有助于家族摆脱单一产品市场对企业发展的限制，增强企业的竞争实力，实现可持续发展。多元化的这些优势可以帮助家族实现更大程度的家族亲缘利他和家族福利，强化家族成员间的感情和家族凝聚力，利于增强家族SEW和家族对企业的控制权。因此，家族控制权比例越高，越希望采取多元化战略以分散风险，实现可持续发展以保护家族的SEW。

第三，绝大多数中国家族企业所有者与管理者基本是合一的，基本不存在第一类代理问题，因此，家族企业决策时可按照家族意愿实现代际传承和长远发展，扩大投资视野和延长投资评估周期。Gomez-Mejia等（2011）认为，家族涉入是社会情感财富的前提，家族涉入使家族具有塑造企业目标、战略和行为的权力与合法性，且家族涉入程度越高，家族企业在做战略决策时，越会较多地考虑情感需求，以保护和增强SEW作为决策参照点。[①]家族两权分离度越高，家族追求家族企业长远发展的动机越强，更希望家族企业能够在家族内永久传承延续下去。而多元化利于分散风险、扩大规模，帮助家族获取更多资源和市场，利于家族福利的增加和长远发展。因此，两权分离度越高，考虑到家族长远利益，家族战略决策时越愿意采纳多元化战略。

基于上述讨论，我们提出以下假设：

H1：家族企业在所有权层面涉入程度越高，多元化水平越高；

H1a：家族企业在控制权涉入程度越高，多元化水平越高；

H1b：家族企业在现金流权涉入程度越高，多元化水平越高；

H1c：家族企业两权分离度越高，多元化水平越高。

6.1.2 治理层层面

高层梯队理论认为企业战略是企业高管行为因素认知和价值观的反映。那么，家族企业中家族成员在治理层的涉入，家族高管受制于自身的家族价

---

① Gomez-Mejia L R, Cruz C, Berrone P, et al. The bind that ties: Socioemotional wealth preservation in family firms[J]. The Academy of Management Annals, 2011, 5(1): 653-707.

值观、家族观念等也必然会影响其对战略的选择。Gomez-Mejia等（2007）已经发现，家族高管不仅追求经济目标，还追求SEW等非经济目标，甚至在某些情况下，家族SEW目标高于经济目标。[①]因此，考察家族涉入治理层对企业多元化战略的影响是必要的。

第一，家族成员在董事会任职，在决策层的涉入程度越高，越会优先推行家族目标，致力于保持其独立性和控制权。SEW理论认为家族企业关注的风险与非家族企业不同，家族更关注SEW损失而非经济损失，即家族在进行战略决策时以保护或至少不损失SEW作为决策参照点，如果一项投资会给家族现有的SEW造成损失，那么对SEW损失的厌恶会驱使家族减少甚至放弃这项投资决策。尽管多元化利于企业开拓新的市场和发展空间，但多元化通常需要大量资金投入，仅仅依靠家族自有资金显然无法满足，而引入外部资金可能会削弱家族的控制，影响其决策权和控制权，危及家族的SEW。[②]此外，资源基础理论认为企业需要从外部获得资源来维持企业生存发展，虽然家族企业在初创阶段可以借助家族内部资源实现发展，但当进入成熟期后，则需要依靠外部资源实现新的跳跃，多元化战略包含的不确定性更需要借助家族外部的资源。如为提高多元化战略的有效实施，家族企业董事会可能需要引进具备多元化知识和经验的非家族董事，弥补家族智库的人才缺陷。但这也带来另一个问题，非家族成员比例高了，可能引发家族成员与非家族成员之间的矛盾和利益冲突，弱化家族权威和影响力。综上，家族在董事会涉入程度越高，为保持其控制权、决策权及家族权威，越会阻碍多元化的实施。

---

① Gómez-Mejía L R, Haynes K T, Núñez-Nickel M, et al. Socioemotional wealth and business risks in family-controlled firms: Evidence from Spanish olive oil mills[J]. Administrative Science Quarterly, 2007, 52(1): 106-137.

② Gomez-Mejia L R, Makri M, Kintana M L. Diversification decisions in family-controlled firms[J]. Journal of Management Studies, 2010, 47(2): 223-252.

　　第二，家族涉入管理层可能也不利于家族企业实施多元化战略。原因如下：首先，资源基础理论认为企业为了生存发展，需要与外部环境进行交换，弥补企业内部所缺乏的资源。多元化虽然可以为企业提供丰富的资源和市场，但其复杂性及不确定性，使得家族企业需要聘请家族外部人员担任高管，以获取企业多元化战略所需的资源。因为专业非家族成员拥有丰富的管理经验和多元化的知识及能力，聘请他们进入管理层，可以提高家族企业的管理能力，弥补家族内部高管资源和能力的不足。但不容忽视的是，外人的进入可能缺少家族成员间的亲密沟通，使得信息不对称程度提高，最终可能造成家族成员与非家族成员间的目标和利益冲突，危及家族社会情感财富。①其次，家族企业通过多元化来扩大规模，获取新的资源和市场，可能导致规模过大而改变家族治理的组织结构，减弱家族文化及价值观对企业的影响。家族高管为保护家族SEW，也会减少对多元化的投资。此外，出于保护家族SEW及避免家族和非家族成员利益冲突的考虑，家族可能会避免从外部聘用人员担任管理层职位，宁愿从家族内部任用能力一般甚至不具备胜任能力的家族成员担任家族高管，但家族的这种亲缘利他行为会进一步加剧家族人力资源短板，限制多元化所需的专长和能力等人力资本，最终阻碍家族企业多元化战略的实施。因此，家族管理层涉入程度越高，多元化意愿越低。

　　第三，监事会作为企业的监督层，职责是监督企业决策层、管理层所做的战略及具体运营决策是否符合企业利益，保护外部股东利益免受管理层机会主义行为带来的侵害，在家族企业里尤其如此。②而且监事会成员中若包含具备相关专长的专业人员，有利于规避管理层的短视行为，减少资源的错

① 朱沆, 叶琴雪, 李新春. 社会情感财富理论及其在家族企业研究中的突破[J]. 外国经济与管理, 2012, 34(12): 56-62.

② Anderson R C, Reeb D M. Board composition: Balancing family influence in S&P 500 firms[J]. Administrative Science Quarterly, 2004, 49(2): 209-237.

误配置，促使家族企业战略决策长期导向，对管理层起到制衡作用。然而，家族成员在监事会涉入程度过高，可能会影响监事会职能的正常发挥。原因如下：一是家族成员任职比例过高，由于家族连带会降低监事会的独立性，不能有效监督家族的管理层，不能有效制止管理层的堑壕行为，如攫取企业资源满足个人需要或家族福利等SEW需求；[①]二是监事会的独立性和监督职能有利于减少家族高管的机会主义行为，保护所有股东的利益而非仅家族大股东的利益。但当家族成员在监事会任职比例过高时，家族就会有充分的力量追逐家族的利益，如进行更多的股利发放和现金分红，满足家族SEW需要而不考虑这样做是否会损害企业利益。因此，家族在监事会任职比例过高，会导致家族追逐家族福利等SEW目标，占用企业正常资源，甚至会使得战略决策短视，这都会阻碍需要大量资源投入的多元化战略的实施。而且多元化有一定的风险和不确定性，家族在监事会涉入程度越高，为避免工作失职，越会阻碍多元化战略的实施。

基于上述讨论，我们提出以下假设：

H2：家族企业在治理层涉入程度与多元化呈显著负相关关系；

H2a：家族企业在决策层涉入程度越高，多元化水平越低；

H2b：家族企业在管理层涉入程度越高，多元化水平越低；

H2c：家族企业在监督层涉入程度越高，多元化水平越低。

6.2研究设计

6.2.1样本选择与数据来源

笔者以2004—2012年中国中小板及创业板上市家族企业为研究样本，并对样本做了如下处理：①剔除金融行业的公司，金融行业会计准则与其他行业会计准则有较大差异，相关指标在金融行业与非金融行业之间不具有

---

① Matzler K, Veider V, Hautz J, et al. The Impact of Family Ownership, Management, and Governance on Innovation[J]. Journal of Product Innovation Management, 2015, 32(3): 319-333.

可比性，因此，笔者遵从研究惯例，予以剔除；②剔除了其他财务数据缺失的公司；③为了降低异常值的影响，针对连续变量的5%和95%百分位进行了Winsorize处理，最终获取869家样本（共计2583个观测值）。本书数据主要来自CSMAR和WIND数据库，家族涉入的数据为手工整理所得。以下描述性统计及实证结果均基于处理后的数据结果。样本分布详情见表6-1。由表6-1可知，样本的年度分布整体呈现逐年上升的趋势，2004年28个，到2011年达到187个，2012年223个，说明家族企业多元化水平越来越高。本书的数据整理及统计分析软件为STATA14。

表6-1　样本年度分布表

年份（年）	公司数（个）	百分比（%）	累积百分比（%）
2004	28	3.220	3.220
2005	8	0.920	4.140
2006	27	3.110	7.250
2007	61	7.020	14.27
2008	56	6.440	20.71
2009	64	7.360	28.08
2010	215	24.74	52.82
2011	187	21.52	74.34
2012	223	25.66	100
Total	869	100	

6.2.2 检验模型

为了检验前面提出的假设，本文建立如下模型：

家族涉入所有权层面：

$$\mathrm{EI} = \alpha_0 + \alpha_1 \mathrm{FamUcsvr} + \alpha_2 \mathrm{SEM} + \alpha_3 \mathrm{Growth} + \alpha_4 \mathrm{Shr\_h10} + \alpha_5 \mathrm{Intang} + \alpha_6 \mathrm{SIZE} + \alpha_7 \mathrm{LEV} + \alpha_8 \mathrm{lnIPOage} + \alpha_9 \mathrm{Industry} + \alpha_{10} \mathrm{Year} + \varepsilon \quad (6\text{-}1)$$

$$\mathrm{EI} = \alpha_0 + \alpha_1 \mathrm{Tfamucscr} + \alpha_2 \mathrm{SEM} + \alpha_3 \mathrm{Growth} + \alpha_4 \mathrm{Shr\_h10} + \alpha_5 \mathrm{Intang} + \alpha_6 \mathrm{SIZE} + \alpha_7 \mathrm{LEV} + \alpha_8 \mathrm{lnIPOage} + \alpha_9 \mathrm{Industry} + \alpha_{10} \mathrm{Year} + \varepsilon \quad (6\text{-}2)$$

$$\mathrm{EI} = \alpha_0 + \alpha_1 \mathrm{SEPERATE} + \alpha_2 \mathrm{SEM} + \alpha_3 \mathrm{Growth} + \alpha_4 \mathrm{Shr\_h10} + \alpha_5 \mathrm{Intang} + \alpha_6 \mathrm{SIZE} + \alpha_7 \mathrm{LEV} + \alpha_8 \mathrm{lnIPOage} + \alpha_9 \mathrm{Industry} + \alpha_{10} \mathrm{Year} + \varepsilon \quad (6\text{-}3)$$

家族涉入治理层层面：

$$EI = \alpha_0 + \alpha_1 Rel\_DAM + \alpha_2 SEM + \alpha_3 Growth + \alpha_4 Shr\_h10 + \alpha_5 Intang + \alpha_6 SIZE + \alpha_7 LEV + \alpha_8 lnIPOage + \alpha_9 Industry + \alpha_{10} Year + \varepsilon \quad (6\text{-}4)$$

$$EI = \alpha_0 + \alpha_1 Rel\_Man + \alpha_2 SEM + \alpha_3 Growth + \alpha_4 Shr\_h10 + \alpha_5 Intang + \alpha_6 SIZE + \alpha_7 LEV + \alpha_8 lnIPOage + \alpha_9 Industry + \alpha_{10} Year + \varepsilon \quad (6\text{-}5)$$

$$EI = \alpha_0 + \alpha_1 Rel\_Dir + \alpha_2 SEM + \alpha_3 Growth + \alpha_4 Shr\_h10 + \alpha_5 Intang + \alpha_6 SIZE + \alpha_7 LEV + \alpha_8 lnIPOage + \alpha_9 Industry + \alpha_{10} Year + \varepsilon \quad (6\text{-}6)$$

$$EI = \alpha_0 + \alpha_1 Rel\_Aud + \alpha_2 SEM + \alpha_3 Growth + \alpha_4 Shr\_h10 + \alpha_5 Intang + \alpha_6 SIZE + \alpha_7 LEV + \alpha_8 lnIPOage + \alpha_9 Industry + \alpha_{10} Year + \varepsilon \quad (6\text{-}7)$$

其中，EI代表家族企业多元化程度，本书用多元化熵指数度量。FamUcsvr表示实际控制人家族控制权比例，Tfamucscr 为家族现金流权（又称所有权）比例，SEPERATE表示家族控制权与所有权的分离度，用这3个指标来衡量家族在所有权层面的涉入度。Rel_Dir、Rel_DAM、Rel_Man、Rel_Aud均是对家族涉入治理层的度量，具体解释及其他变量的含义及度量见下节。

6.2.3变量及其度量

（1）被解释变量

本书以2001年中国证监会正式制定的《中国上市公司行业分类指引》作为划分上市公司经营所跨行业及行业间相关性的主要依据。根据我国的实际情况，我们按照行业大类，即三位行业代码，将公司的各项业务收入归类合并计算出各行业的主营业务收入所占比例，然后再计算多元化度量指标。本书主要采用熵指数EI（Entropy Index）来度量多元化指标，计算公式为：

$$EI = \sum_{i=1}^{n} P_i \, ln(1/P_i)$$ 其中 P_i 为行业i收入占主营业务收入的比重，n 为采用三位行业代码所计算的公司业务行业数，多元化程度越高，该指数越高。

（2）解释变量

所有权层面：FamUcsvr表示实际控制人家族控制权比例，Tfamucscr为家族现金流权（又称所有权）比例，SEPERATE表示家族控制权与所有权的分离度。

治理层层面：决策层涉入：Rel_Dir家族成员在董事会的占比。

管理层涉入：本书采用两个指标，一是Rel_DAM整个董监高中的家族成员占比，二是Rel_Man高级管理层（即总经理、副总经理等人）的家族成员占比。

监督层涉入：Rel_Aud监事会中家族成员占比。

控制变量：依据前人研究，本书控制了公司规模（SIZE）、公司年龄（lnIPOage）、有无国有股（SEM）、有无非家族持股大于10%（Shr_h10）、成长机会（Growth）、资产负债率（LEV）、无形资产密集度（Intang）及行业和时间虚拟变量。

表6-2　变量代码及定义表

变量类型	变量名称	代码	变量设计
因变量	多元化程度	EI	多元化熵指数
		AH	调整的赫芬达尔指数
自变量	家族在所有权层面涉入	FamUcsvr	家族控制权，首先根据每个家族成员与上市公司股权关系链或若干股权关系链中最弱的一层或最弱的一层的总和计算出每个家族成员的控制权，然后对其加总计算出整个家族的控制权
		Tfamucscr	家族现金流权，首先根据每个家族成员与上市公司股权关系链每层持有比例相乘或与上市公司股权关系链每层持有比例相乘之总和计算出家族成员的现金流权，然后对其加总计算出整个家族的现金流权
		SEPERATE	两权分离度，家族控制权比例/家族现金流权比例

续表

变量类型	变量名称	代码	变量设计
自变量	家族在管理层涉入	Rel_DAM	董事会、管理层及监事会任职的家族成员人数/董、监、高总人数
		Rel_Man	管理层任职的家族成员人数/管理层总人数
	家族在决策层涉入	Rel_Dir	董事会任职的家族成员人数/董事会总人数
	家族在监督层涉入	Rel_Aud	监事会任职的家族成员人数/董事会总人数
控制变量	国有参股	SEM	虚拟变量，是否存在国有股参股，存在取值1；反之，取值0
	公司规模	SIZE	销售收入的自然对数
	公司上市年龄	lnIPOage	公司自上市年份起的年数，取自然对数
	成长机会	Growth	营业收入增长率=（本期营业收入-期初营业收入）/期初营业收入
	有无非家族持股大于10%	Shr_h10	虚拟变量，当存在与家族无关且持股10%以上的股东时取值1，否则为0
	无形资产密集度	Intang	无形资产/总资产
	资产负债率	LEV	总负债/总资产
	行业	Industry	以证监会行业分类标准划分，其中制造业细分为二级子行业，共设19个虚拟变量
	年度	Year	9个研究年度取8个虚拟变量

6.3实证结果及分析

6.3.1描述性统计分析

表6-3列出了主要变量的描述性统计特征。家族企业多元化的平均值为0.2，最小值为0，最大值为1.07，标准差为0.34，可知家族企业多元化的范围在0与1.07之间，变化差异较大，均值0.2较低，而且3/4分位数为0.32，说明总体上看我国家族企业多元化水平普遍较低。所有权层面：家族在控制权涉入的平均值为47%，最小值为22%，最大值为72%，标准差为15%，3/4分位数为60%，说明家族企业中有接近75%的企业控制权在60%左右，说明家族在控

制权的涉入程度较高，牢牢掌握着家族控制权，而且涉入程度差异较大。家族在现金流权涉入的平均值为42%，最小值为15%，最大值为69%，标准差为16%，中位数为41%，说明家族企业中有近50%的企业的家族持股比例在40%左右，也表明家族企业家族持股比例普遍较高。比较家族控制权与现金流权涉入度可以看出家族企业的现金流权比控制权稍低，存在两权分离的情况。通过对两权分离度的统计可知，家族企业控制权和现金流权的分离程度中位数为1，均值为1.16，3/4分位数只有1.21，这说明在我国的中小板和创业板上市的家族企业中，控制权与现金流权分离程度并不高。治理层层面：家族在董事会决策层涉入均值为21%，最小值为9%，最大值为44%，即样本公司里董事会中平均有21%的董事来自实际控制家族；家族在董监高涉入的平均值为13%，最小值为5%，最大值为29%；家族在经理层等管理层涉入的平均值为16%，最小值为0，最大值为50%，说明家族成员在企业管理层及决策层任职是普遍现象，而且有的企业家族成员占比还比较高。家族涉入监事会程度相对较低，平均值为3%，最小值为0，最大值为33%。以上表明，家族涉入决策层及管理层的程度较深。

表6-3　主要变量的描述性统计

变量	观测值	均值	中位数	最小值	最大值	标准差	1/4分位数	3/4分位数
EI	2583	0.200	0	0	1.070	0.340	0	0.320
FamUcsvr	2583	0.470	0.460	0.210	0.720	0.150	0.350	0.600
Tfamucscr	2583	0.420	0.410	0.150	0.690	0.160	0.280	0.550
SEPERATE	2583	1.160	1	1	1.940	0.290	1	1.210
Rel_Dir	2583	0.210	0.200	0.0900	0.440	0.110	0.110	0.290
Rel_DAM	2583	0.130	0.120	0.0500	0.290	0.0700	0.0700	0.180
Rel_Man	2583	0.160	0.170	0	0.500	0.150	0	0.250
Rel_Aud	2583	0.0300	0	0	0.330	0.100	0	0
SEM	2583	0.0900	0	0	1	0.290	0	0
Growth	2313	0.120	0.0800	-0.0100	0.380	0.110	0.0400	0.180

续表

变量	观测值	均值	中位数	最小值	最大值	标准差	1/4分位数	3/4分位数
Shr_h10	2583	0.280	0	0	1	0.450	0	1
Intang	2583	0.0400	0.0300	0	0.100	0.0300	0.0200	0.0500
SIZE	2583	21.01	20.94	19.93	22.38	0.670	20.52	21.46
LEV	2583	0.300	0.280	0.0600	0.640	0.180	0.150	0.440
lnIPOage	1874	0.710	0.690	0	1.790	0.620	0	1.100

　　控制变量方面，有无国有股参股中位数、1/4分位数及3/4分位数都是0，均值仅为9%，说明家族企业中国有股参股比例较低；有无非家族持股的3/4分位数是1，说明家族企业中有近75%的企业中有非家族持股比例高于10%。家族企业成长机会均值为12%，中位数为8%，最大值为38%，标准差为11%，3/4分位数为18%，说明家族企业面对的成长机会差异较大，但总体看未来成长机会较大。无形资产密集度均值为4%，最小值为0，最大值为10%，3/4分位数为5%，说明家族企业无形资产投入相对较低，75%的企业无形资产密集度仅为5%。用公司销售收入的自然对数衡量的公司规模均值为20.01，最小值为19.93，最大值为22.38，可见家族企业规模相当；资产负债率均值为30%，中位数为28%，最小值为6%，最大值为64%，说明家族企业负债比率适中，普遍不高；取对数后的公司上市年龄均值为0.71，最小值为0，最大值为1.79，说明家族企业上市时间大都不长。

　　变量的相关性分析结果见表6-4。在所有权层面，家族控制权、现金流权与多元化的相关系数均为负，且Pearson相关系数在10%水平上显著，Spearman相关系数则分别在5%及1%水平上显著；两权分离度与多元化水平的相关系数均为正，但都不显著。在治理层层面，家族在董事会、董监高、高管层及监督层的涉入与多元化的相关系数均为负，由Pearson相关系数可知，家族在董事会涉入与多元化在10%水平上显著负相关；由Spearman相关系数可知，除监事会涉入相关系数不显著外，家族在董事会、董监高及高管层涉入相关系数均在1%及5%水平显著负相关。可见，Pearson相关系数与

Spearman相关系数存在一定程度的差异。解释变量，不论是Pearson相关系数还是Spearman相关系数，家族控制权、家族现金流权的相关系数接近0.9，家族现金流权与两权分离度的相关系数约为0.5，家族在董事会涉入与董监高涉入相关系数超过0.8，家族在董监高涉入与高管层涉入相关系数接近0.7，家族在监事会涉入与董监高涉入相关系数接近0.5。因此，本书将7个解释变量分别放到不同的模型中。控制变量中，资产负债率及企业上市年龄与多元化显著正相关，说明控制变量与被解释变量之间的关系也比较合理。比如企业上市年龄与多元化水平显著正相关，表明家族企业上市时间越久，发展越成熟，为进一步寻找成长空间和发展资源，家族会通过多元化以实现企业的持续稳定成长。

通过计算回归分析模型中各自变量的方差膨胀因子（VIF）得知，除了虚拟变量及家族控制权、现金流权涉入方差膨胀因子大于10外，其他变量的方差膨胀因子最大值均小于10，而且均值小于6，结果表明各变量之间不存在严重的多重共线性问题，可进行下一步的回归分析。

6.3.2实证结果分析

表6-5　面板固定效应回归结果

	（1）	（2）	（3）	（4）	（5）	（6）	（7）
	EI1	EI2	EI3	EI4	EI5	EI6	EI7
FamUcsvr	0.1922 （1.24）						
Tfamucscr		0.2816★ （1.65）					
SEPERATE			0.0238 （0.35）				
Rel_Dir				−0.4123 ★★ （−2.34）			
Rel_DAM					−0.2788 （−1.04）		

续表

	（1）	（2）	（3）	（4）	（5）	（6）	（7）
	EI1	EI2	EI3	EI4	EI5	EI6	EI7
Rel_Man						0.1604★	
						（1.86）	
Rel_Aud							0.0054
							（0.04）
SEM	0.0211	0.0218	0.0181	0.0145	0.0158	0.0187	0.0180
	（0.91）	（0.94）	（0.79）	（0.63）	（0.68）	（0.81）	（0.78）
Growth	0.1764★	0.1760★	0.1778★	0.1683★	0.1741★	0.1751★	0.1797★
	（1.80）	（1.80）	（1.81）	（1.72）	（1.77）	（1.79）	（1.83）
Shr_h10	0.0452★	0.0479★	0.0426	0.0461★	0.0440★	0.0429	0.0435
	（1.70）	（1.80）	（1.60）	（1.74）	（1.66）	（1.62）	（1.64）
Intang	−0.3652	−0.3180	−0.3711	−0.4346	−0.3867	−0.3302	−0.3545
	（−1.02）	（−0.88）	（−1.02）	（−1.21）	（−1.07）	（−0.92）	（−0.99）
SIZE	−0.0118	−0.0054	−0.0155	−0.0116	−0.0121	−0.0170	−0.0141
	（−0.44）	（−0.20）	（−0.57）	（−0.43）	（−0.45）	（−0.63）	（−0.52）
LEV	0.2925 ★★★	0.2880 ★★★	0.3028 ★★★	0.2971 ★★★	0.2996 ★★★	0.3170 ★★★	0.3022 ★★★
	（3.35）	（3.30）	（3.48）	（3.43）	（3.44）	（3.64）	（3.47）
lnIPOage	−0.0388	−0.0394	−0.0405	−0.0350	−0.0385	−0.0396	−0.0408
	（−1.54）	（−1.57）	（−1.61）	（−1.39）	（−1.52）	（−1.58）	（−1.62）
Industry	YES	YES	YES	YES	YES	YES	YES
Year	YES	YES	YES	YES	YES	YES	YES
_cons	0.4044	0.2674	0.5508	0.5942	0.5525	0.5734	0.5493
	（0.63）	（0.41）	（0.87）	（0.94）	（0.87）	（0.90）	（0.87）
N	1700	1700	1700	1700	1700	1700	1700
r^2_w	0.0567	0.0580	0.0553	0.0607	0.0563	0.0587	0.0552
F	2.0767★★	2.1237 ★★★	2.0215★★	2.2320 ★★★	2.0588★★	2.1519 ★★★	2.0167★★

t statistics in parentheses　* $p < 0.1$, ** $p < 0.05$, *** $p < 0.01$

表6-5报告了家族涉入对多元化的影响，从模型（1）~模型（3）可以看出，所有权层面家族控制权FamUcsvr、现金流权Tfamucscr及两权分离度

SEPERATE估计系数均为正，且家族现金流权Tfamucscr的估计系数在10%水平上显著，说明家族持股比例越高，为分散风险、实现财富的顺利传承，家族越愿意进行多元化，实现可持续发展；而家族控制权虽不显著但也接近显著，说明家族在所有权层面涉入程度高有利于提高多元化水平，假设1得到部分验证。这与Gomez-Mejia等（2010）发现的"家族所有权比例越高，多元化水平越低"的研究结论相反，原因可能是因为中国家族企业受传统家文化影响深刻，更希望通过多元化分散风险、实现可持续发展，以实现家业及财富的顺利传承。而家族控制权涉入影响不显著的原因可能是与现金流权相比，家族在控制权涉入程度越高，越希望实现对家族企业的控制，而多元化水平高了，可能会在一定程度上影响家族控制权。两权分离度的影响为正但不显著，可能是因为两权分离度过高，家族虽然也会更多考虑家族长远发展，实施多元化，但家族可能更多地利用两权分离攫取企业资源，用于家族福利，最终影响企业用于多元化等正常资源的分配。模型（4）~模型（5）表明家族在董事会、董监高涉入程度的估计系数均为负且董事会涉入在5%水平上显著，说明家族成员在董事会任职比例越高，战略决策力越强，为保护家族福利、维持企业当前地位，家族会阻碍高风险的多元化战略的实施；而家族在董监高涉入的估计系数t值为1.04接近显著，说明家族在决策层及董监高涉入程度越高，受制于家族人力资本，越不利于家族多元化战略的实施；而模型（6）~模型（7）表明家族在高层涉入及监事会涉入的估计系数为正，且家族在高管层涉入与多元化在10%水平上显著，可能是因为家族涉入总经理及副总经理等职位，参与家族具体管理实务，更希望通过多元化降低经营风险，以减少管理层的责任，这与家族涉入治理层的主假设相矛盾。因此，假设2仅得到部分支持。综上表明，家族在所有权层面涉入程度越高及家族在高管层任职，越会考虑家族长远利益，希望通过多元化实现家族持续稳定增长，降低经营风险，家族多元化水平越高；而家族在董事会及董监高等治理层层面的涉入，则不利于家族推行多元化战略，这可能是因为家族成员在决策层及管理层任职比例过高，不利于吸收非家族成员的经验知识，也缺乏多元化的专业知识和技能，一旦多元化失败，则承担全部风险，而且损失家族福利和家族财富，危及SEW甚至自身职位，最终导致家族多元化水平降低。

6.4内生性问题和稳健性检验

6.4.1内生性检验

家族涉入影响多元化或正面或负面，但也可能是逆向因果，即多元化能够分散风险，利于实现可持续发展，促使转型期家族企业采用多元化战略，从而导致家族所有权层面涉入程度高。多元化的不确定性及需要的外部资源、人力资本要求较高，而家族企业为保持其控制权和SEW不愿意从外部引进专门人才来实现多元化，最终使得家族在董事会及董监高层面涉入程度高。为规避家族涉入与多元化的交互影响，或同受某些组织内外部因素共同影响而导致的内生性问题，本书将所有自变量滞后一期重新回归进行内生性处理，结论与主检验基本一致，结果如表6-6所示。

表6-6　面板固定效应（内生性检验）

	（1）	（2）	（3）	（4）	（5）	（6）	（7）
	EI1	EI2	EI3	EI4	EI5	EI6	EI7
FamUcsvr	0.6029 ★★★ （2.61）						
Tfamucscr		0.3250 （1.18）					
SEPERATE			0.2272★★ （2.40）				
Rel_Dir				−0.5742★★ （−2.20）			
Rel_DAM					0.2612 （0.68）		

续表

	（1）	（2）	（3）	（4）	（5）	（6）	（7）
	EI1	EI2	EI3	EI4	EI5	EI6	EI7
Rel_Man						−0.0024	
						（−0.02）	
Rel_Aud							0.4946**
							（2.34）
SEM	0.0873***	0.0791**	0.0768**	0.0686**	0.0758**	0.0738**	0.0754**
	（2.83）	（2.56）	（2.52）	（2.25）	（2.47）	（2.41）	（2.48）
Growth	0.2373*	0.2555*	0.2417*	0.2594**	0.2743**	0.2701**	0.2631**
	（1.80）	（1.93）	（1.83）	（1.97）	（2.07）	（2.04）	（2.00）
Shr_h10	0.0857**	0.0922**	0.0789*	0.0943**	0.0905**	0.0914**	0.0895**
	（2.02）	（2.17）	（1.85）	（2.22）	（2.12）	（2.14）	（2.11）
Intang	0.4290	0.4970	0.2567	0.3140	0.4807	0.4475	0.4975
	（0.75）	（0.86）	（0.44）	（0.55）	（0.83）	（0.78）	（0.87）
SIZE	−0.0864**	−0.0823**	−0.1039***	−0.0855**	−0.0936**	−0.0914**	−0.0846**
	（−2.22）	（−2.07）	（−2.65）	（−2.19）	（−2.38）	（−2.33）	（−2.17）
LEV	0.2811**	0.3063**	0.3280**	0.3281**	0.3346**	0.3308**	0.3236**
	（2.16）	（2.34）	（2.55）	（2.55）	（2.59）	（2.54）	（2.51）
lnIPOage	−0.0595	−0.0639	−0.0660	−0.0547	−0.0716	−0.0675	−0.0638
	（−1.38）	（−1.47）	（−1.53）	（−1.26）	（−1.64）	（−1.56）	（−1.48）
Industry	YES	YES	YES	YES	YES	YES	YES
Year	YES	YES	YES	YES	YES	YES	YES
_cons	1.6739**	1.6922*	2.0282**	1.9956**	2.0149**	2.0022**	1.8421**
	（2.01）	（1.95）	（2.46）	（2.42）	（2.43）	（2.42）	（2.23）
N	979.0000	979.0000	979.0000	979.0000	979.0000	979.0000	979.0000
r^2_w	0.0894	0.0796	0.0875	0.0859	0.0779	0.0770	0.0870
F	2.3342***	2.0549***	2.2785***	2.2318***	2.0065***	1.9825**	2.2647***

t statistics in parentheses　* $p < 0.1$, ** $p < 0.05$, *** $p < 0.01$

　　由表6-6可知，家族在控制权涉入程度与多元化在1%水平上显著正相关，家族两权分离度与多元化在5%水平上显著正相关，家族现金流权涉入估计系数为正但不显著，家族在所有权层面涉入程度越高，家族为分散风险，越愿意实施多元化战略；两权分离度过高会促进企业多元化可能是因为家族两权分离度越高，会有更多机会追求家族目标，越希望通过多元化实现范围经济，与主假设基本一致。假设1基本得到支持，与主检验保持一致。治理层层面，家族在董事会涉入的估计系数为负且在5%水平上显著，家族在董监高涉入估计系数为正但不显著，家族在高管层涉入的估计系数为负也不显著，而家族在监事会涉入与多元化在5%水平上显著正相关，可能是由于监事会中家族成员比例高，会使战略决策更加稳健和长远，家族更希望通过多元化分散风险，实现可持续增长。这与主检验结论虽略有差异，但基本一致。

6.4.2稳健性检验

为了进一步检验上述实证结果的可靠性，在这里，笔者重新计算多元化指标，即以2001年颁布的《国民经济行业分类与代码》为依据，按照制造业中前两位SIC码将产品划分为31类，采用调整的赫芬达尔指数（AH）衡量多元化程度，进行稳健性检验，结果如表6-7所示。由表可知，家族控制权及现金流权涉入与多元化显著正相关，说明家族持股比例越高及为保持家族控制权等，家族越愿意通过多元化分散风险，实现长远发展。而家族两权分离度估计系数虽为负但不显著，说明家族在所有权层面涉入程度越高，多元化水平越高，与主假设基本保持一致。治理层层面，家族在董事会涉入与多元化显著负相关，家族在高管层涉入与多元化显著正相关，表明家族在董事会涉入程度越高，越可能有更多的权力和资源追求个人福利或家族利他主义行为，阻碍了企业多元化的实施。而家族在高管层涉入程度越高越能促进企业多元化，可能是由于管理层面临经营风险，更希望通过多元化来分散风险，与主检验保持一致。可见，家族在所有权层面涉入程度越高，为实现财富传承和长远可持续发展，家族越愿意通过多元化来分散风险；而家族在治理层层面涉入程度过高，受制于家族智库及亲缘利他行为等，导致其多元化水平较低。与主检验结论基本一致，研究假设基本得到支持。

表6-7　面板固定效应（稳健性检验）

	（1）	（2）	（3）	（4）	（5）	（6）	（7）
	AH1	AH2	AH3	AH4	AH5	AH6	AH7
FamUcsvr	0.1669★ （1.67）						
Tfamucscr		0.1776★ （1.67）					
SEPERATE			−0.0074 （−0.47）				
Rel_Dir				−0.1933★ （−1.83）			
Rel_DAM					−0.1296 （−0.92）		
Rel_Man						0.0919★ （1.76）	
Rel_Aud							0.0051 （0.07）
SEM	0.0188 （1.23）	0.0184 （1.20）	0.0160 （1.05）	0.0142 （0.93）	0.0147 （0.96）	0.0161 （1.06）	0.0159 （1.04）
Growth	0.0528 （1.09）	0.0558 （1.16）	0.0577 （1.19）	0.0542 （1.13）	0.0553 （1.15）	0.0559 （1.16）	0.0565 （1.17）
Shr_h10	0.0357★★ （2.04）	0.0369★★ （2.10）	0.0337★ （1.93）	0.0349★★ （2.00）	0.0340★ （1.95）	0.0335★ （1.92）	0.0338★ （1.93）
Intang	−0.1937 （−1.03）	−0.1703 （−0.91）	−0.1811 （−0.96）	−0.2187 （−1.16）	−0.2003 （−1.06）	−0.1755 （−0.94）	−0.1857 （−0.99）
SIZE	−0.0078 （−0.47）	−0.0051 （−0.30）	−0.0096 （−0.58）	−0.0091 （−0.55）	−0.0088 （−0.53）	−0.0119 （−0.72）	−0.0094 （−0.57）
LEV	0.1740 ★★★ （3.15）	0.1744 ★★★ （3.15）	0.1853 ★★★ （3.35）	0.1831 ★★★ （3.33）	0.1821 ★★★ （3.31）	0.1923 ★★★ （3.48）	0.1832 ★★★ （3.32）
lnIPOage	−0.0179 （−0.96）	−0.0184 （−0.99）	−0.0202 （−1.08）	−0.0167 （−0.90）	−0.0183 （−0.98）	−0.0185 （−1.00）	−0.0195 （−1.05）
Industry	YES	YES	YES	YES	YES	YES	YES
Year	YES	YES	YES	YES	YES	YES	YES
_cons	0.2017 （0.50）	0.1648 （0.41）	0.3381 （0.85）	0.3580 （0.90）	0.3288 （0.83）	0.3510 （0.89）	0.3198 （0.81）
N	1700	1700	1700	1700	1700	1700	1700
r^2_w	0.0535	0.0535	0.0509	0.0541	0.0515	0.0538	0.0507
F	1.9518★★	1.9520★★	1.8516★	1.9734★★	1.8759★★	1.9639★★	1.8432★

t statistics in parentheses　＊$p < 0.1$, ＊＊$p < 0.05$, ＊＊＊$p < 0.01$

6.5本章小结

本章对家族涉入对多元化战略的影响进行了分析。研究结果发现：第一，在所有权层面，家族现金流权涉入与多元化显著正相关，家族控制权涉入为正但接近显著，家族两权分离度对多元化的影响不明显。第二，在治理层层面，家族在董事会决策层涉入程度越高，多元化水平越低；但家族在高管层涉入程度越高，家族越会实行多元化战略；而家族在董监高涉入与多元化估计系数为负接近显著，家族在监督层监事会涉入的估计系数为正但不显著，说明对多元化影响不明显。第三，内生性检验及稳健性检验结果与主检验结论基本一致。实证结论表明，在家族企业发展进入成熟期，面临二代传承和战略转型的背景下，尽管多元化可以为企业提供更广的空间和资源，分散经营风险，但由于多元化战略需要充分的人力资源、优秀的专业人才和足够的经验，而这些在家族董事会及董监高等管理层是欠缺的。因此，家族涉入对多元化的影响呈现分化的结果，家族在所有权层面涉入程度越高，家族越希望通过多元经营降低风险，实现可持续发展，以实现家族财富的顺利传承；家族在高管层涉入程度越高，家族越接近实务层，责任越大，也希望通过多元化降低风险和责任。而家族在董事会及董监高任职比例越高，则导致家族智库匮乏，缺乏优秀的人力资本来应对多元化的风险，最终阻碍了家族企业多元化水平的提高，与SEW理论及资源基础理论的预期基本一致。

7　外部环境的调节效应

　　企业战略不仅受到企业内部因素的影响，如家族企业内部家族涉入的影响，同时还受到企业所处的外部环境的影响，因此，本章节讨论外部环境对家族涉入与企业战略的调节效应。

　　行为代理理论的形成是为了解决代理理论在解释高管层风险偏好方面的局限，即代理理论假定高管是风险厌恶的且固定不变，而行为代理理论则认为在特定的情景下，高管的风险偏好会发生变化（Wiseman&Gomez-Mejia，1998）。[1]作为前景理论的衍生物，行为代理模型认为决策者的行为偏好是由问题框架和风险规避两方面决定的。风险规避是指决策者更关注避免损失，与获取收益相比；问题框架是指决策时从损失或收益的角度考虑，通常以决策者当前拥有的禀赋作为决策参照点（Kahneman&Tversky，1979），[2]在家族企业里则与社会情感财富相关。也就是说，在家族企业里，保存和增强社会情感财富是家族企业战略决策的首要参照点。Gomez-Mejia等（2007）认为SEW影响家族企业的风险承担行为，如果投资或商业机会不会威胁SEW，家族所有者和管理者为避免社会情感财富损失会表现得厌恶风险；而当SEW面临威胁时，他们又会变得偏好风险甚至寻求风险。因此，我们预期当家族企业陷入业绩困境或面对微观环境不确定性较高，会危及自身生存进而威胁到SEW时，家族企业会偏好风险，战略趋向激进，积极加大研

① Wiseman R M, Gomez-Mejia L R. A behavioral agency model of managerial risk taking[J]. Academy of Management Review, 1998, 23(1): 133-153.

② Kahneman D, Tversky A. Prospect theory: An analysis of decision under risk[J]. Econometrica: Journal of the Econometric Society, 1979, 47(2): 263-291.

发投入，积极实施国际化战略和多元化战略，以实现可持续发展。[①]

7.1理论分析与研究假说

7.1.1业绩困境

所谓业绩困境，是指业绩的短期下滑，与更为极端的业绩困境指标如企业濒临破产、经营失败或者出现严重的财务困境相比，这个指标更符合我们的研究目的，因为在这些极端严重的情况下，企业首先想到的应该是保存现金以延长企业寿命，而不是增加投资。Wiseman和Gomez-Mejia（1998）认为企业当前绩效与历史绩效或竞争对手业绩的差距是衡量业绩困境的有效工具。而企业通常以绩效与预期比较作为业绩反馈机制，当绩效未达预期，出现业绩短期下滑或业绩困境时，企业会做出战略和战术上的改变，努力缩小这一差距。行为代理模型认为，随着家族企业面临的经济风险的增加，社会情感财富优先于经济目标考虑的可能性会降低，即随着业绩困境的出现，经济目标会占据更高的优先权，尤其是在家族企业中，因为家族财富与企业财富是密切相连的。另一方面，当企业的绩效降低，出现业绩困境时，企业经营失败的风险会增加，如果家族企业连最基本的生存都不能保证，何谈与家族控制权紧密相关的家族社会情感财富的维持。已有研究证实，随着家族企业业绩变差，家族企业会变得更加以经济目标为导向，也就是说，当面临业绩困境时，家族企业的风险规避程度降低，经济目标占优，社会情感财富目标处于次要地位（Gomez-Mejia, et al., 2013）。[②]

---

① Gómez-Mejía L R, Haynes K T, Núñez-Nickel M, et al. Socioemotional wealth and business risks in family-controlled firms: Evidence from Spanish olive oil mills[J]. Administrative Science Quarterly, 2007, 52(1): 106-137.

② Gomez-Mejia L R, Campbell J T, Martin G, et al. Socioemotional Wealth as a Mixed Gamble: Revisiting Family Firm R&D Investments With the Behavioral Agency Model[J]. Entrepreneurship Theory and Practice, 2013(38): 1351-1374.

（1）研发投资

以研发为基础的增长理论认为，企业增加R&D投资，可以创造出新的产品和知识专利，而这些技术专利创新不仅利于增强企业的核心竞争力，而且利于提高企业经营效率和经济效益，对企业成长来说至关重要。尤其是当企业面临困境时，研发投资可帮助企业研发具有竞争力的新产品或新技术，通过技术领先迅速占领市场，反败为胜。尤其是随着市场经济的发展完善和技术的不断进步，企业竞争日益激烈，通过增加研发投资构建持续竞争优势，已成为企业增强自身实力、巩固市场地位和实现长远发展的重要战略选择。行为代理理论认为，当绩效未达预期出现业绩困境时，企业会做出战略和战术上的改变，努力缩小这一差距。Gomez-Mejia等（2013）也认为，随着家族企业面临的经济风险的增加，社会情感财富优先于经济目标考虑的可能性会降低，因为当企业的绩效降低出现业绩困境时，企业经营失败的风险会增加，如果家族企业连最基本的生存都不能保证，何谈与家族控制权紧密相关的家族社会情感财富的维持。已有研究证实，随着家族企业业绩变差，家族企业会变得更加以经济目标为导向，增加研发投资（Chrisman&Patel，2012），[①]提高核心竞争力以渡过难关。因此，我们预期，当面临业绩困境时，家族企业的风险规避程度降低，经济目标占优，社会情感财富目标居于次要地位，家族会增加研发投资。

（2）国际化

企业实施国际化战略可以获得新的市场、资源及发展空间，而且还可以通过国际化降低企业财务风险，实现范围经济（Arregle等，2012）。[②]因为

---

① Chrisman J J, Patel P C. Variations in R&D investments of family and non-family firms: Behavioral agency and myopic loss aversion perspectives[J]. Academy of Management Journal, 2012, 55(4): 976-997.

② Arregle J-L, Naldi L, Nordqvist M, Hitt M A. Internationalization of Family-Controlled Firms: A Study of the Effects of External Involvement in Governance[J]. Entrepreneurship Theory and Practice, 2012, 36(6): 1115-1143.

一旦实施国际化战略，企业市场既有国内市场又包含海外市场，那么当不同市场间出现盈利能力及绩效差异时，企业就可以通过业绩好的市场来弥补业绩差的市场，实现绩效平滑和规模效益（Liang等，2014）。[1]而且从财务风险角度看，企业的海外扩张有利于调动不同市场的资源来满足资金需求，从而降低企业对外部资本市场的依赖，降低企业的财务风险。因此，尽管国际化包含较多的风险和不确定性，可能损害家族福利和家族非经济利益，但当企业面临业绩困境时，为避免企业业绩的进一步恶化，家族企业可能通过实施国际化获取更广的资源和市场，并借助不同产品和市场的业绩差异降低业绩波动性，通过范围经济降低财务风险，以渡过企业当前财务困境和危机。

（3）多元化

Wiseman和Gomez-Mejia（1998）认为企业当前绩效与历史绩效或竞争对手业绩的差距是衡量业绩困境的有效工具。而企业通常以绩效与预期比较作为业绩反馈机制，当绩效未达预期，出现业绩短期下滑或业绩困境时，企业会做出战略和战术上的改变，努力缩小这一差距。[2]Greve（2013）也发现企业往往以当前实际绩效与历史或竞争对手的业绩差距为依据，决定其后续的战略决策。[3]当绩效低于历史绩效或竞争对手的绩效出现业绩困境时，决策者会将业绩困境的状态界定为组织的"损失"，该损失状态会驱动家族管理者偏好风险，[4]通过积极投资等行为提高经济效益，以使企业绩效达到预期，否则，绩效进一步恶化的结果可能导致企业面临更高的经营风险，危及家族福利及财富传承。而且随着业绩困境程度的加剧，为避免经济目标和家

---

① Liang X, Wang L, Cui Z. Chinese Private Firms and Internationalization: Effects of Family Involvement in Management and Family Ownership[J]. Family Business Review, 2013, 27(2): 126-141.

② Wiseman R M, Gomez-Mejia L R. A behavioral agency model of managerial risk taking[J]. Academy of Management Review, 1998, 23(1): 133-153.

③ Greve H R. Organizational learning from performance feedback: A behavioral perspective on innovation and change[M]. Cambridge: Cambridge University Press, 2003.

④ Cyert R M, March J G. A behavioral theory of the firm[M]. Englewood Cliffs: Prentice Hall, 1963.

族SEW的双重损失，家族会思考目前的战略，并重新调整其资源分配，希望通过新的战略和业务组合来扭转困境（连燕玲等，2014）。[①]多元化的优势就在于通过投资的多元化，达到"东边不亮西边亮"的效果，为企业分散经营风险。因此，我们预期，当面临业绩困境时，家族会更注重经济目标，家族高管会提高对风险的承受能力，不再优先考虑规避风险以保护SEW，而是积极实施多元化战略，考察行业外的商业机会，通过引入新业务，来提升企业的盈利潜力，扭转困局。

综上所述，据此提出如下假设：

H1：当企业面对业绩困境时，家族涉入对企业战略的负面（正面）影响会减弱（强化）；

H1a：当企业面对业绩困境时，家族涉入对研发投资的负面（正面）影响会减弱（强化）；

H1b：当企业面对业绩困境时，家族涉入对国际化战略的负面（正面）影响会减弱（强化）；

H1c：当企业面对业绩困境时，家族涉入对多元化战略的负面（正面）影响会减弱（强化）。

7.1.2环境不确定性

环境不确定性是指组织所处环境因素的变化，包括组织供应商、顾客及竞争对手的变化等，这些变化本质上是随机的而且不易被预测（Dess&Beard，1984）。[②]环境不确定性既能为企业提供商业机会，但同时也带来威胁其生存和发展的挑战。环境不确定性高了，企业必须要对竞争者行动、顾客需求及其他主要变化迅速做出反应。因此，环境不确定性会影响企业决策，当然包括家族企业的决策。当企业所处环境不确定性较低时，

---

① 连燕玲, 贺小刚, 高皓. 业绩期望差距与企业战略调整[J]. 管理世界, 2014(11): 119-133.

② Dess G G, Beard D W. Dimensions of organizational task environments[J]. Administrative Science Quarterly, 1984(29): 52-73.

家族高管不需要也没有动力去获取比竞争对手更好的绩效（Casillas, et al., 2009）。[①]相反，它会催生家族的机会主义行为，家族更多地维护SEW，如解决家族内部冲突维持家族和谐。而且环境不确定性低，家族企业感受到的外部压力较小，也促使家族成员转移企业财产用于个人在职消费及股利分红等。最终，导致用于研发投资等利于提高核心竞争力战略的可用资源变少。Casillas等（2009）发现，当家族企业所处环境比较稳定时，家族企业趋向于维持当前的竞争地位，不愿投资于其他风险高的项目及商业机会。而如果企业所处的环境不确定性比较高，家族高管必须对外部环境变化做出快速的反应才能生存，降低了家族企业陷于追求SEW的风险。Lumpkin（2010）也发现，家族高管在环境不确定性高的情况下，会寻求风险，投资于不确定性高的项目。[②]因此，我们预期环境不确定性会影响企业的战略决策。

（1）研发投资

根据熊彼特创新原理，企业面临的环境不确定性程度影响其研发投入。具体来说，如果企业所处的环境不确定性较低，其往往占有较大的市场份额，面临的外部威胁较小，即使不进行研发创新也能够据此获得超额利润，因此，为避免研发可能带来的SEW损失，家族企业的风险规避倾向导致其研发创新意愿较低。相反，如果家族企业所处的行业竞争度高，由于竞争降低了所有企业的经济回报，与非家族企业相比，竞争对家族企业负面影响更高，因为行业竞争度高同时降低了家族企业传承给后代的财富价值，损害了家族的SEW效用。而且家族企业如果不能在激烈的竞争中生存下来，危及的不仅是企业经济回报和社会情感财富，而是家族企业的生存。尽管进行研

[①] Casillas J C, Moreno A M, Barbero J L. A configurational approach of the relationship between entrepreneurial orientation and growth of family firms[J]. Family Business Review, 2009(23): 27-44.

[②] Lumpkin G, Brigham K H, Moss T W. Long-term orientation: Implications for the entrepreneurial orientation and performance of family businesses[J]. Entrepreneurship and Regional Development, 2010, 22(3-4): 241-264.

发会带来较高的不确定性和风险，会损失SEW，但若研发成功，家族可以避免灭亡，在此情境下，家族将其研发决策框架化为不进行研发的确定损失与进行研发的或有损失之间的选择。因此，我们预期在面临行业竞争度高危及SEW时，为提高家族企业的存活概率和传承给后代的合法性，家族会偏好风险，增加研发投资，而且家族涉入度越高，保护SEW的意愿越强，研发投入也越高。

（2）国际化

环境不确定性主要指难于预测、增加企业经营环境变化的动态性，环境不确定性高意味着不稳定的经营环境。行为代理模型认为，SEW影响家族企业的风险承担行为，如果投资或商业机会不会威胁SEW，家族所有者和管理者为避免社会情感财富损失会表现得厌恶风险；而当SEW面临威胁时，他们又会变得偏好风险甚至寻求风险。如果企业所处的环境不确定性较低，家族企业的生存和发展风险相对较小，此时，国际化扩张给家族企业带来的社会情感财富损失和风险将超过国际化带来的激励，家族企业会更加关注对社会情感财富的保护。相反，如果企业所处的环境不确定性较高，家族企业可利用的国内机会相对缺乏，资源获取渠道受到限制，企业生存和发展的潜在风险就会增大。而实施国际化可以获取新的机遇、市场和资源，减少对国内市场的依赖，降低企业的经营风险，利于维持企业当前的地位和家族福利，此时，国际化的激励超过家族对SEW的关注。

已有研究表明，当面临环境不确定性较高时，国内中小型家族企业进行国际化的动机更强。因此，我们预期，当企业所处的环境动态性较高时，家族企业的生存风险和威胁将超过对社会情感财富的保护，此时家族企业会转换决策照参点，优先考虑经济目标以渡过眼前危机，并积极实施利于家族企业生存和发展的国际化战略。

（3）多元化

环境不确定性可能会促进企业的多元化经营。已有研究指出，当企业面临的外部环境不确定性较高时，企业多元化经营的动机会增强，尤其是在中国经济面临转型的动态环境下（柳建华，2009），[①]家族企业也不例外。因为企业所处环境不确定性越高，家族感受到的外在压力和危机就愈高，家族必须要对竞争者行动、顾客需求及其他主要变化迅速做出反应才能生存，降低了家族企业陷于追求SEW的风险。Fini（2012）也发现，家族成员对外部环境不确定性感知越高，越会采取类似于企业家的行为，如开发新项目、增加投资等，以适应高速变化的市场环境，而不是陷于解决家族内部冲突或利他主义行为等社会情感财富的追求。[②]而多元化战略可以帮助企业消化内部的剩余能力，弥补不同市场之间的缺陷，并缓解专业化经营的风险，实现范围经济（苏冬蔚，2005）。[③]可见，企业所处的环境不确定性越高，家族高管越会表现出企业家导向，愿意冒风险，希望通过多元化来寻求新的利润增长点，尤其是当前中国经济面临从粗放型向集约型转变的背景下，家族更希望通过多元化以分散企业风险，顺利实现企业的战略转型（贾良定，2005），[④]降低环境动态性给企业带来的生存威胁。

综上所述，据此提出如下假设：

H2：当企业所处的环境不确定性较高时，家族涉入对企业战略的负面（正面）影响会减弱（强化）；

H2a：当企业所处的环境不确定性较高时，家族涉入对研发投资的负面（正面）影响会减弱（强化）；

H2b：当企业所处的环境不确定性较高时，家族涉入对国际化战略的负

---

① 柳建华. 多元化投资、代理问题与企业绩效[J]. 金融研究, 2009 (7): 104-120.

② Fini R, Grimaldi R, Marzocchi G L, et al. The determinants of corporate entrepreneurial intention within small and newly established firms[J]. Entrepreneurship Theory and Practice, 2012, 36(2): 387-414.

③ 苏冬蔚. 多元化经营与企业价值: 我国上市公司多元化溢价的实证分析[J]. 经济学 (季刊), 2005, 4(S1): 135-158.

④ 贾良定, , 张君君, 钱海燕等. 企业多元化的动机、时机和产业选择——西方理论和中国企业认识的异同研究[J]. 管理世界, 2005(8): 94-104.

面（正面）影响会减弱（强化）；

H2c：当企业所处的环境不确定性较高时，家族涉入对多元化战略的负面（正面）影响会减弱（强化）。

7.2研究设计

7.2.1 样本选择与数据来源

本书以2004—2012年中国中小板及创业板上市家族企业为研究样本，由于2006年以前进行研发投资的上市家族企业比例较低，因此，外部环境对家族涉入与研发投资的调节效应的样本与第4章节保持一致，即以2006—2012为研究样本，并最终对样本做了如下处理：①剔除金融行业的公司，金融行业会计准则与其他行业会计准则有较大差异，相关指标在金融行业与非金融行业之间不具有可比性，笔者遵从研究惯例，予以剔除；②计算环境不确定性需要5年的销售收入，另外，正常情况下公司当年的销售收入不小于0，故剔除销售收入数据不足5年和销售收入小于0的公司；③剔除了其他财务数据缺失的公司；④为了降低异常值的影响，针对连续变量的1%和99%百分位进行Winsorize处理。本书的数据主要来自CSMAR和WIND数据库，家族涉入的数据为手工整理所得。

7.2.2 检验模型

为了检验前面提出的假设，笔者建立了如下模型：

业绩困境：

$$RD = \alpha_0 + \alpha_1 Familyinvolvement + \alpha_2 Group + \alpha_3 Group * Familyinvolvement + \alpha_4 Totmanange + \alpha_5 AvaSlack + \alpha_6 PotSlack + \alpha_7 Cash + \alpha_8 IntAssInt + \alpha_9 Shr\_h10 + \alpha_{10} LMTB + \alpha_{11} Size + \alpha_{12} Beta + \alpha_{13} Age + \alpha_{14} Industry + \alpha_{15} Year + \varepsilon \tag{7-1}$$

$$RD = \alpha_0 + \alpha_1 Familyinvolvement + \alpha_2 aphROA + \alpha_3 aphROA * Familyinvolvement + \alpha_4 Totmanange + \alpha_5 AvaSlack + \alpha_6 PotSlack + \alpha_7 Cash + \alpha_8 IntAssInt + \alpha_9 Shr\_h10 + \alpha_{10} LMTB + \alpha_{11} Size + \alpha_{12} Beta + \alpha_{13} Age + \alpha_{14} Industry + \alpha_{15} Year + \varepsilon \tag{7-2}$$

$$
\begin{aligned}
\text{FSTS} = {} & \alpha_0 + \alpha_1\text{Familyinvolvement} + \alpha_2\text{Group} + \alpha_3\text{Group} * \text{Familyinvolvement} \\
& + \alpha_4\text{Foreign} + \alpha_5\text{Shr\_h10} + \alpha_6\text{Growth} + \alpha_7\text{Firmsize} + \alpha_8\text{lnAGE} \\
& + \alpha_9\text{Industry} + \alpha_{10}\text{Year} + \varepsilon \qquad\qquad (7\text{-}3)
\end{aligned}
$$

$$
\begin{aligned}
\text{EI} = {} & \alpha_0 + \alpha_1\text{Familyinvolvement} + \alpha_2\text{Group} + \alpha_3\text{Group} * \text{Familyinvolvement} + \\
& \alpha_4\text{SEM} + \alpha_5\text{Growth} + \alpha_6\text{Shr\_h10} + \alpha_7\text{Intang} + \alpha_8\text{SIZE} + \alpha_9\text{LEV} + \\
& \alpha_{10}\text{lnIPOage} + \alpha_{11}\text{Industry} + \alpha_{12}\text{Year} + \varepsilon \qquad\qquad (7\text{-}4)
\end{aligned}
$$

$$
\begin{aligned}
\text{EI} = {} & \alpha_0 + \alpha_1\text{Familyinvolvement} + \alpha_2\text{aphROA} + \alpha_3\text{aphROA} * \text{Familyinvolvement} \\
& + \alpha_4\text{SEM} + \alpha_5\text{Growth} + \alpha_6\text{Shr\_h10} + \alpha_7\text{Intang} + \alpha_8\text{SIZE} + \alpha_9\text{LEV} + \\
& \alpha_{10}\text{lnIPOage} + \alpha_{11}\text{Industry} + \alpha_{12}\text{Year} + \varepsilon \qquad\qquad (7\text{-}5)
\end{aligned}
$$

环境不确定性：

$$
\begin{aligned}
\text{RD} = {} & \alpha_0 + \alpha_1\text{Familyinvolvement} + \alpha_2\text{EU} + \alpha_3\text{EU} * \text{Familyinvolvement} + \\
& \alpha_4\text{Totmanange} + \alpha_5\text{AvaSlack} + \alpha_6\text{PotSlack} + \alpha_7\text{Cash} + \alpha_8\text{IntAssInt} \\
& + \alpha_9\text{Shr\_h10} + \alpha_{10}\text{LMTB} + \alpha_{11}\text{Size} + \alpha_{12}\text{Beta} + \alpha_{13}\text{Age} + \alpha_{14}\text{Industry} + \\
& \alpha_{15}\text{Year} + \varepsilon \qquad\qquad (7\text{-}6)
\end{aligned}
$$

$$
\begin{aligned}
\text{FSTS} = {} & \alpha_0 + \alpha_1\text{Familyinvolvement} + \alpha_2\text{EU} + \alpha_3\text{EU} * \text{Familyinvolvement} \\
& + \alpha_4\text{Foreign} + \alpha_5\text{Shr\_h10} + \alpha_6\text{Growth} + \alpha_7\text{Firmsize} + \alpha_8\text{lnAGE} \\
& + \alpha_9\text{Industry} + \alpha_{10}\text{Year} + \varepsilon \qquad\qquad (7\text{-}7)
\end{aligned}
$$

$$
\begin{aligned}
\text{EI} = {} & \alpha_0 + \alpha_1\text{Familyinvolvement} + \alpha_2\text{EU} + \alpha_3\text{EU} * \text{Familyinvolvement} + \\
& \alpha_4\text{SEM} + \alpha_5\text{Growth} + \alpha_6\text{Shr\_h10} + \alpha_7\text{Intang} + \alpha_8\text{SIZE} + \alpha_9\text{LEV} + \\
& \alpha_{10}\text{lnIPOage} + \alpha_{11}\text{Industry} + \alpha_{12}\text{Year} + \varepsilon \qquad\qquad (7\text{-}8)
\end{aligned}
$$

其中，RD代表家族企业研发投资，FSTS代表家族企业国际化程度，EI代表家族企业多元化程度，本书用多元化熵指数度量。FamilyInvolvement代表家族涉入程度，包括家族涉入所有权层面的3个指标和治理层层面的4个指标。具体解释及其他变量的含义及度量见下节。

7.2.3变量及其度量

（1）被解释变量

研发投资RD使用研发投入与销售收入之比来测量。FSTS家族企业国际化程度，用海外销售额占总销售额的比重来测量。多元化则主要采用熵指数EI（Entropy Index）来度量多元化指标。

表7-1　变量代码及定义表

变量类型	变量名称	代码	变量设计
因变量	研发投资	RD	企业的研发投入与当年销售收入之比
	国际化	FSTS	企业海外销售额与总销售额之比
	多元化	EI	多元化熵指数
自变量	家族在所有权层面涉入	FamUcsvr	家族控制权，首先根据每个家族成员与上市公司股权关系链或若干股权关系链中最弱的一层或最弱的一层的总和计算出每个家族成员的控制权，然后对其加总计算出整个家族的控制权
		Tfamucscr	家族现金流权，首先根据每个家族成员与上市公司股权关系链每层持有比例相乘或与上市公司股权关系链每层持有比例相乘之总和计算出家族成员的现金流权，然后对其加总计算出整个家族的现金流权
		SEPERATE	两权分离度，家族控制权比例/家族现金流权比例
	家族在管理层涉入	Rel_DAM	董事会、管理层及监事会任职的家族成员人数/董、监、高总人数
		Rel_Man	管理层任职的家族成员人数/管理层总人数
	家族在决策层涉入	Rel_Dir	董事会任职的家族成员人数/董事会总人数
	家族在监督层涉入	Rel_Aud	监事会任职的家族成员人数/董事会总人数
调节变量	业绩困境	perhazROA	业绩困境，先按照行业算出上一年和本年的ROA均值，然后用企业的ROA减去行业均值ROA，若小于0则为业绩困境
		Group	业绩分组，若perhazROA小于0，取值1，定义为业绩困境组；否则为0，定义为业绩非困境组
		aphROA	业绩困境绝对值，对业绩困境组perhazROA取绝对值
	环境不确定性	EU	经行业中位数调整后的企业过去5年销售收入变异系数

（2）解释变量

所有权层面：FamUcsvr表示实际控制人家族控制权比例，Tfamucscr为家族现金流权（又称所有权）比例，SEPERATE表示家族控制权与所有权的分离度。

治理层层面：决策层涉入：Rel_Dir家族成员在董事会的占比。

管理层涉入：笔者采用两个指标，一是Rel_DAM整个董监高中的家族成员占比，二是Rel_Man高级管理层（即总经理、副总经理等人）的家族成员占比。

监督层涉入：Rel_Aud监事会中家族成员占比。

调节变量：①环境不确定性指标EU，本书借鉴Ghosh和Olsen（2009）、申慧慧等（2012）的研究，采用经行业调整的企业过去5年的销售收入的标准差来衡量；②业绩困境指标，借鉴Gómez-Mejía等（2014）采用经行业均值调整的ROA，这个指标反映了与行业相比企业的绩效情况，不受极端值影响。

7.3实证结果分析

7.3.1业绩困境的调节效应

（1）研发投资

表7-2列示了业绩困境分组对家族涉入与研发投资的调节效应。为考察业绩对研发的影响，本书将企业业绩低于行业均值的视为业绩困境组，Group取值为1。模型（1）、模型（2）家族在控制权、现金流权的涉入与业绩困境组的交乘项系数为正且5%水平上显著，模型（3）两权分离度与业绩困境组的交乘项系数为正但不显著，说明在遭遇业绩困境时，家族风险规避程度降低，与社会情感财富目标相比，家族会优先考虑经济目标，加大研发投入，帮助其渡过难关，家族在所有权层面的涉入对研发投资的负面影响减弱。但模型（3）~模型（6）家族在管理层涉入及决策层涉入与业绩困境交乘项估计系数为负但不显著，说明业绩困境并没有显著影响家族管理层涉入、决策层涉入与研发投资的关系。这可能是因为家族财富集中于企业中，出现业绩困境时家族在所有权层面涉入的影响更明显。模型（7）家族在监

督层涉入与业绩困境组估计系数为正且接近显著，说明在出现业绩困境时，家族在监事会的涉入利于督促企业加大研发投入，减弱家族涉入对研发投资的负面影响。假设H1a得到部分支持。

表7-2　业绩困境分组对研发投资的调节效应

	RD1	RD2	RD3	RD4	RD5	RD6	RD7
FamUcsvr	−0.03553 ★★★ （−4.79）						
Group	−0.00947★★ （−2.06）	−0.00720★ （−1.87）	−0.00081 （−0.29）	0.00080 （0.26）	0.00048 （0.17）	0.00027 （0.13）	−0.00106 （−0.61）
GFamUcsvr	0.00021★★ （2.26）						
Tfamucscr		−0.03326 ★★★ （−4.80）					
GTfamucscr		0.00018★★ （2.19）					
SEPERATE			0.00009 （0.06）				
GSEPERATE			0.00008 （0.04）				
Rel_Dir				−0.01368 （−1.62）			
GRel_Dir				−0.00561 （−0.49）			
Rel_DAM					−0.02243★ （−1.88）		
GRel_DAM					−0.00715 （−0.46）		
Rel_Man						−0.00342 （−0.52）	
GRel_Man						−0.00648 （−0.72）	
Rel_Aud							−0.01392★ （−1.88）
GRel_Aud							0.01147 （1.13）
TotManage	0.00182 ★★★ （4.90）	0.00186 ★★★ （5.07）	0.00178 ★★★ （4.73）	0.00174 ★★★ （4.66）	0.00158 ★★★ （4.18）	0.00167 ★★★ （4.50）	0.00176 ★★★ （4.66）
AvaSlack	0.00040 （1.48）	0.00042 （1.59）	0.00034 （1.28）	0.00036 （1.39）	0.00037 （1.42）	0.00034 （1.32）	0.00034 （1.28）
PotSlack	−0.00090 （−0.64）	−0.00075 （−0.54）	−0.00028 （−0.21）	−0.00078 （−0.57）	−0.00081 （−0.60）	−0.00047 （−0.35）	−0.00035 （−0.26）

续表

	RD1	RD2	RD3	RD4	RD5	RD6	RD7
Cash	0.00506 ★★★ (5.49)	0.00493 ★★★ (5.35)	0.00501 ★★★ (5.41)	0.00499 ★★★ (5.39)	0.00494 ★★★ (5.36)	0.00500 ★★★ (5.42)	0.00497 ★★★ (5.41)
IntAssInt	0.04725★ (1.75)	0.04338 (1.60)	0.04990★ (1.80)	0.04861★ (1.76)	0.05045★ (1.83)	0.05008★ (1.82)	0.05112★ (1.85)
Shr_h10	−0.00495 ★★★ (−3.01)	−0.00489 ★★★ (−2.96)	−0.00242 (−1.56)	−0.00292★ (−1.87)	−0.00290★ (−1.87)	−0.00266★ (−1.71)	−0.00240 (−1.55)
LMTB	0.00302 ★★★ (5.06)	0.00305 ★★★ (5.12)	0.00286 ★★★ (4.69)	0.00280 ★★★ (4.60)	0.00278 ★★★ (4.57)	0.00283 ★★★ (4.63)	0.00285 ★★★ (4.67)
Size	−0.00818 ★★★ (−7.22)	−0.00837 ★★★ (−7.58)	−0.00894 ★★★ (−7.86)	−0.00880 ★★★ (−7.74)	−0.00865 ★★★ (−7.61)	−0.00885 ★★★ (−7.78)	−0.00880 ★★★ (−7.72)
Beta	−0.00723 (−1.60)	−0.00662 (−1.47)	−0.00641 (−1.39)	−0.00695 (−1.51)	−0.00721 (−1.57)	−0.00649 (−1.41)	−0.00662 (−1.44)
Age	−0.00095 (−0.53)	−0.00165 (−0.88)	0.00109 (0.63)	0.00019 (0.11)	−0.00013 (−0.07)	0.00076 (0.45)	0.00077 (0.44)
Industry	YES	YES	YES	YES	YES	YES	YES
Year	YES	YES	YES	YES	YES	YES	YES
_cons	0.08298 ★★★ (3.81)	0.08703 ★★★ (3.98)	0.07695 ★★★ (3.52)	0.08023 ★★★ (3.63)	0.08058 ★★★ (3.65)	0.07740 ★★★ (3.50)	0.07722 ★★★ (3.48)
N	1100	1100	1100	1100	1100	1100	1100
r^2	0.520	0.520	0.506	0.509	0.509	0.507	0.507

t statistics in parentheses　* $p < 0.1$, ** $p < 0.05$, *** $p < 0.01$

为进一步考察业绩困境对家族涉入与研发投资的调节作用，本部分只保留业绩困境组，即Group取值为1的组，并对业绩困境取绝对值，以进一步分析业绩困境程度高低对家族涉入与研发投资的影响，结果如表7-3所示。由模型（1）~模型（7）可知，业绩困境程度与家族涉入变量的交乘项及估计系数均为正，且除了两权分离度的估计系数为正但不显著外，其他都显著。所有权层面家族控制权及现金流权的估计系数分别在5%和10%水平上显著。在治理层层面，家族在董事会、管理层及监督层的涉入的系数也基本都在5%水平显著且为正。假设H1a基本得到支持。这说明当出现业绩困境时，家族企业的困境程度越高，家族涉入对研发投资的负面影响越会减弱，即在这种情况下，家族企业会加大研发创新力度，帮助企业渡过难关。结果印证了当企业面临业绩困境时，家族保护SEW的意愿降低，决策趋向长远，更愿冒风险加大研发投入。而两权分离度估计系数不显著的原因可能是因为，当企业面临的业绩困境程度越高时，家族企业两权分离度越高，与增加研发投资相比，家族会更注重保护SEW以避免家族福利损失。

7-3　业绩困境程度对研发投资调节效应

	RD1	RD2	RD3	RD4	RD5	RD6	RD7
FamUcsvr	−0.0305 ★★★ （−2.66）						
aphROA	−0.2049★ （−1.84）	−0.1176 （−1.25）	0.0047 （0.06）	−0.0949★ （−1.79）	−0.0554 （−0.97）	−0.0098 （−0.21）	0.0620 （1.27）
aphROA × FamUcsvr	0.5944★★ （2.16）						
Tfamucscr		−0.0284 ★★★ （−2.79）					
aphROA × Tfamucscr		0.4598★ （1.86）					
SEPERATE			−0.0003 （−0.12）				
aphROA × SEPERATE			0.0330 （0.48）				
Rel_Dir				−0.0399 ★★★ （−3.57）			
aphROA × Rel_Dir				0.7659 ★★★ （3.14）			
Rel_DAM					−0.0489 ★★★ （−3.13）		
aphROA × Rel_DAM					0.8819★★ （2.29）		
Rel_Man						−0.0213 ★★ （−2.47）	
aphROA × Rel_Man						0.5116★★ （2.02）	
Rel_Aud							0.0193 （1.36）
aphROA × Rel_Aud							−0.8813★★ （−2.13）

续表

	RD1	RD2	RD3	RD4	RD5	RD6	RD7
TotManage	0.0021 *** （3.61）	0.0021 *** （3.66）	0.0022 *** （3.72）	0.0021 *** （3.69）	0.0019 *** （3.32）	0.0020 *** （3.49）	0.0022 *** （3.72）
AvaSlack	0.0006 （1.42）	0.0006 （1.59）	0.0006 （1.46）	0.0006 （1.49）	0.0006 （1.57）	0.0006 （1.46）	0.0005 （1.29）
PotSlack	−0.0001 （−0.03）	−0.0004 （−0.20）	0.0001 （0.05）	−0.0001 （−0.03）	0.0000 （0.01）	−0.0001 （−0.08）	−0.0001 （−0.06）
Cash	0.0055 *** （4.36）	0.0055 *** （4.28）	0.0055 *** （4.29）	0.0053 *** （4.22）	0.0054 *** （4.26）	0.0054 *** （4.29）	0.0054 *** （4.23）
IntAssInt	0.0940 *** （2.73）	0.0952 *** （2.75）	0.1000 *** （2.91）	0.0977 *** （2.88）	0.1008 *** （2.95）	0.0989 *** （2.89）	0.1032 *** （2.94）
Shr_h10	−0.0052** （−2.28）	−0.0056** （−2.48）	−0.0037* （−1.79）	−0.0038* （−1.80）	−0.0040* （−1.92）	−0.0035 （−1.61）	−0.0037* （−1.79）
LMTB	0.0032 *** （2.72）	0.0032 *** （2.76）	0.0032 *** （2.79）	0.0032 *** （2.78）	0.0031 *** （2.69）	0.0031 *** （2.70）	0.0034 *** （2.90）
Size	−0.0072 *** （−4.04）	−0.0069 *** （−3.94）	−0.0073 *** （−4.14）	−0.0075 *** （−4.21）	−0.0073 *** （−4.12）	−0.0074 *** （−4.16）	−0.0072 *** （−4.05）
Beta	0.0035 （0.51）	0.0043 （0.64）	0.0047 （0.68）	0.0034 （0.50）	0.0035 （0.51）	0.0036 （0.53）	0.0049 （0.71）
Age	−0.0034 （−1.27）	−0.0039 （−1.39）	−0.0021 （−0.79）	−0.0031 （−1.16）	−0.0035 （−1.28）	−0.0027 （−1.05）	−0.0020 （−0.71）
Industry	YES	YES	YES	YES	YES	YES	YES
Year	YES	YES	YES	YES	YES	YES	YES
_cons	0.0325 （0.91）	0.0244 （0.68）	0.0168 （0.48）	0.0344 （0.95）	0.0301 （0.83）	0.0232 （0.64）	0.0149 （0.42）
N	590	590	590	5900	590	590	590
r^2	0.525	0.524	0.516	0.527	0.523	0.520	0.518

t statistics in parentheses * $p < 0.1$, ** $p < 0.05$, *** $p < 0.01$

（2）国际化

表7-4列示了业绩困境分组对家族涉入与国际化的调节效应。为考察业绩对国际化的影响，本书将企业业绩低于行业均值的视为业绩困境组，Group取值为1。模型（1）、模型（2）家族在控制权、现金流权的涉入与业绩困境组的交乘项系数为正接近显著，说明出现业绩困境时，家族在所有权层面的涉入程度越高，为摆脱困境局面避免更大的损失，家族会优先考虑经济目标，推行国际化战略。模型（3）两权分离度与业绩困境组的交乘项系

数为负但不显著，说明业绩困境对两权分离度与国际化的影响不显著。但模型（4）~模型（7）家族在治理层涉入与业绩困境交乘项估计系数为正但基本都显著，说明当出现业绩困境时，家族在董事会涉入、董监高涉入及监事会的涉入程度越高，家族为避免业绩继续下滑以致出现财务困境，家族管理层会重视国际化，把经济目标放在首位，积极开拓国际市场以利用新的资源和资本，增强核心竞争力，以实现可持续发展。与家族涉入治理层对国际化的影响相比，家族涉入所有权层对国际化的影响并不明显，可能是因为国际化需要开拓海外市场，有较大的风险和不确定性，一旦失误家族财富可能不复存在，尤其是出现业绩困境时，所以家族在所有权层面涉入程度较高对国际化影响不是很明显。而且当出现业绩困境时，如何摆脱困境是治理层要解决的首要问题。因此，当出现业绩困境时，为避免更大的损失，家族在治理层涉入程度越高，越希望通过国际化摆脱困境局势。假设H1b基本得到支持。

表7-4　业绩困境分组对国际化的调节效应

	FSTS1	FSTS2	FSTS3	FSTS4	FSTS5	FSTS6	FSTS7
FamUcsvr	0.0066 （0.12）						
Group	−0.0242 （−0.79）	−0.0146 （−0.54）	0.0591 （0.97）	−0.0206 （−1.05）	−0.0254 （−1.25）	0.0133 （1.30）	−0.0087 （−0.59）
GFamUcsvr	0.0008 （1.24）						
Tfamucscr		0.0231 （0.42）					
GTfamucscr		0.0007 （1.03）					
SEPERATE			0.0212 （0.67）				
GSEPERATE			−0.0411 （−0.76）				
Rel_DAM				−0.1086 （−0.95）			
GRel_DAM				0.2704★★ （1.96）			
Rel_Dir					−0.0704 （−0.95）		

续表

	FSTS1	FSTS2	FSTS3	FSTS4	FSTS5	FSTS6	FSTS7
GRel_Dir					0.1954★★ （2.12）		
Rel_Aud						0.0000 （.）	
GRel_Aud						0.0000 （.）	
Rel_Man							0.0061 （0.11）
GRel_Man							0.1458★ （1.90）
Foreign	0.0719 ★★★ （3.40）	0.0733 ★★★ （3.48）	0.0744 ★★★ （3.51）	0.0734 ★★★ （3.47）	0.0728 ★★★ （3.45）	0.0744 ★★★ （3.53）	0.0717 ★★★ （3.38）
Shr_h10	0.0067 （0.57）	0.0071 （0.60）	−0.0009 （−0.08）	0.0004 （0.04）	0.0007 （0.06）	−0.0008 （−0.07）	0.0023 （0.20）
Growth	−0.1205★★ （−2.32）	−0.1230★★ （−2.37）	−0.1116★★ （−2.15）	−0.1162★★ （−2.24）	−0.1175★★ （−2.27）	−0.1109★★ （−2.14）	−0.1216★★ （−2.34）
Firmsize	0.0197★★ （2.34）	0.0206★★ （2.44）	0.0203★★ （2.36）	0.0203★★ （2.40）	0.0202★★ （2.40）	0.0202★★ （2.39）	0.0202★★ （2.40）
LEV	−0.0001 （−0.00）	0.0009 （0.02）	−0.0097 （−0.24）	−0.0050 （−0.12）	−0.0050 （−0.12）	−0.0097 （−0.24）	0.0034 （0.08）
lnAGE	−0.0147 （−1.45）	−0.0136 （−1.34）	−0.0167★ （−1.66）	−0.0158 （−1.57）	−0.0159 （−1.58）	−0.0164 （−1.65）	−0.0150 （−1.50）
Industry	YES	YES	YES	YES	YES	YES	YES
Year	YES	YES	YES	YES	YES	YES	YES
_cons	−0.1786 （−1.04）	−0.2039 （−1.16）	−0.2067 （−1.18）	−0.1697 （−0.99）	−0.1680 （−0.98）	−0.1807 （−1.05）	−0.1823 （−1.06）
N	2600	2600	2600	2600	2600	2600	2600
r²	0.160	0.160	0.158	0.160	0.160	0.158	0.162
F	27.0170 ★★★	26.7961 ★★★	27.0567 ★★★	26.8349 ★★★	26.7506 ★★★	28.8162 ★★★	26.6099 ★★★

t statistics in parentheses * $p < 0.1$, ** $p < 0.05$, *** $p < 0.01$

（3）多元化

表7-5列示了业绩困境分组对家族涉入与多元化的调节效应。本书将企业业绩低于行业均值的视为业绩困境组，Group取值为1。模型（1）~模型（3）显示，家族在控制权、现金流权的涉入及两权分离度与业绩困境组的交乘项系数均为正，且两权分离度与业绩困境组的交乘项系数在10%水平上显著，说明遭遇业绩困境强化了家族在所有权层面涉入对多元化的正面影

响，也就是说，当企业面临业绩下滑时，家族希望通过多元化分散风险，以达到"东边不亮西边亮"的效果。由模型（4）、模型（5）、模型（7）可知，业绩困境程度分组与家族在董事会涉入、董监高涉入及高管层涉入的交乘项及估计系数均为正但不显著，说明业绩困境一定程度上弱化了治理层涉入与多元化的负面影响，但不是很明显，可能是因为当面临困境时，管理层首先想到的是扭转困局，而多元化虽可以分散风险，但由于具有高风险及不确定性，所以其在决策时比较审慎。模型（6）家族在监督层涉入与多元化的估计系数为负且在5%水平上显著，说明当出现业绩困境时，家族在监事会涉入程度越高越不利于多元化战略的实施，这可能是因为监事会作为监督层比较谨慎，在出现业绩困境时，不愿意企业冒风险实施多元化，避免造成更大的损失。因此，假设H1c仅得到部分支持。总体来看，业绩困境组与非困境组相比，家族涉入对多元化的影响不是很显著，可能是因为当出现业绩困境时，业绩困境企业投资决策更加谨慎，多元化虽可以降低经营风险，但需要较大的资金投入。

表7-5 业绩困境分组对多元化的调节效应

	EI1	EI2	EI3	EI4	EI5	EI6	EI7
FamUcsvr	−0.0003 （−0.34）						
Group	−0.0451 （−0.81）	−0.0171 （−0.35）	−0.0926 （−1.54）	−0.0078 （−0.21）	−0.0187 （−0.48）	0.0146 （0.68）	−0.0171 （−0.58）
GFamUcsvr	0.0010 （0.86）						
Tfamucscr		−0.0003 （−0.27）					
GTfamucscr		0.0004 （0.39）					
SEPERATE			−0.0196 （−0.79）				
GSEPERATE			0.0792★ （1.67）				
Rel_DAM				−0.1712 （−1.02）			
GRel_DAM				0.0671 （0.30）			

续表

	EI1	EI2	EI3	EI4	EI5	EI6	EI7
Rel_Dir					−0.1922★ （−1.65）		
GRel_Dir					0.0956 （0.61）		
Rel_Aud						0.1997 （1.12）	
GRel_Aud						−0.4313★★ （−2.04）	
Rel_Man							−0.0957 （−1.03）
GRel_Man							0.1108 （0.88）
SEM	0.0000 （0.00）	−0.0008 （−0.02）	0.0002 （0.01）	−0.0023 （−0.06）	−0.0031 （−0.09）	−0.0013 （−0.04）	0.0013 （0.04）
Growth	0.0688 （0.61）	0.0692 （0.61）	0.0749 （0.66）	0.0689 （0.61）	0.0685 （0.61）	0.0707 （0.63）	0.0682 （0.60）
Shr_h10	−0.0164 （−0.72）	−0.0197 （−0.90）	−0.0206 （−0.97）	−0.0229 （−1.07）	−0.0248 （−1.15）	−0.0198 （−0.93）	−0.0216 （−0.99）
Intang	0.3719 （1.02）	0.3800 （1.04）	0.3894 （1.06）	0.3865 （1.05）	0.3805 （1.04）	0.4248 （1.16）	0.3850 （1.05）
SIZE	−0.0259 （−1.61）	−0.0248 （−1.55）	−0.0267★ （−1.66）	−0.0240 （−1.50）	−0.0238 （−1.48）	−0.0248 （−1.56）	−0.0248 （−1.55）
LEV	0.2233 ★★★ （3.37）	0.2199 ★★★ （3.31）	0.2199 ★★★ （3.35）	0.2144 ★★★ （3.27）	0.2122 ★★★ （3.23）	0.2214 ★★★ （3.37）	0.2199 ★★★ （3.35）
lnIPOage	0.0240 （1.36）	0.0218 （1.23）	0.0187 （1.11）	0.0180 （1.07）	0.0160 （0.96）	0.0210 （1.26）	0.0204 （1.21）
Industry	YES	YES	YES	YES	YES	YES	YES
Year	YES	YES	YES	YES	YES	YES	YES
_cons	0.6652★★ （2.05）	0.6399★★ （1.97）	0.6918★★ （2.08）	0.6371★★ （1.96）	0.6502★★ （2.00）	0.6273★ （1.93）	0.6433★★ （1.98）
N	1700	1700	1700	1700	1700	1700	1700
r^2	0.0575	0.0571	0.0586	0.0578	0.0587	0.0600	0.0577
F	3.9034 ★★★	3.9622 ★★★	3.9585 ★★★	3.8072 ★★★	3.7590 ★★★	4.0343 ★★★	3.7687 ★★★

t statistics in parentheses　* $p < 0.1$, ** $p < 0.05$, *** $p < 0.01$

　　为进一步考察业绩困境对家族涉入与多元化的调节作用，本部分只保留业绩困境组，即Group取值为1的组，并对业绩困境取绝对值，以进一步分析业绩困境程度对家族涉入与多元化的影响，结果如表7-6所示。由模型（1）~模型（7）可知，业绩困境程度与家族涉入变量的交乘项及估计系数均为正，且除了两权分离度及家族在董事会涉入的估计系数为正但不显著外，其他都在1%及5%上显著。这表明当面临业绩困境时，家族企业面临困境程度越高，越会强化家族在所有权层面涉入对多元化的积极影响，即家族为避免企业财富的进一步损失，积极实施多元化以扭转困局；相反，越会弱化家族治理层涉入对多元化的负面影响，表明当企业面临困境的程度越高时，家族治理层会优先考虑经济目标，以避免家族福利和经济福利的双重损失。可见，家族为应对业绩困境，困境程度越高的企业越希望通过多元化扭转局面，来实现转型，降低经营风险。因此，假设1c基本得到支持。

表7-6　业绩困境程度对多元化的调节效应

	EI1	EI2	EI3	EI4	EI5	EI6	EI7
FamUcsvr	−0.002 （−1.22）						
aphROA	−8.049★★★ （−2.63）	−6.696★★ （−2.27）	−0.003 （−0.00）	−3.126 （−1.21）	−5.155★★ （−2.29）	−2.663 （−1.49）	−0.567 （−0.49）
aphROA× FamUcsvr	0.177★★ （2.49）						
Tfamucscr		−0.002 （−1.55）					
aphROA× Tfamucscr		0.165★★ （2.21）					
SEPERATE			0.055 （1.10）				
aphROA× SEPERATE			0.278 （0.11）				
Rel_Dir				−0.285★ （−1.91）			
aphROA× Rel_Dir				15.853 （1.32）			
Rel_DAM					−0.590★★★ （−2.81）		
aphROA× Rel_DAM					41.781★★ （2.51）		
Rel_Man						−0.216★ （−1.73）	
aphROA× Rel_Man						20.392★★ （2.00）	
Rel_Aud							−0.507★★★ （−3.21）
aphROA× Rel_Aud							21.259★★★ （2.75）

续表

	EI1	EI2	EI3	EI4	EI5	EI6	EI7
SEM	0.029 （0.59）	0.031 （0.62）	0.033 （0.66）	0.028 （0.57）	0.027 （0.55）	0.029 （0.58）	0.027 （0.55）
Growth	0.099 （0.58）	0.131 （0.78）	0.096 （0.57）	0.086 （0.51）	0.099 （0.59）	0.083 （0.49）	0.098 （0.60）
Shr_h10	−0.012 （−0.38）	−0.016 （−0.53）	−0.017 （−0.59）	−0.018 （−0.63）	−0.017 （−0.60）	−0.013 （−0.44）	−0.011 （−0.39）
Intang	0.657 （1.34）	0.664 （1.36）	0.637 （1.28）	0.647 （1.33）	0.657 （1.35）	0.652 （1.34）	0.753 （1.54）
SIZE	−0.027 （−1.30）	−0.023 （−1.14）	−0.024 （−1.18）	−0.024 （−1.16）	−0.027 （−1.32）	−0.026 （−1.27）	−0.022 （−1.10）
LEV	0.235*** （2.79）	0.215** （2.53）	0.235*** （2.75）	0.214** （2.55）	0.210** （2.51）	0.233*** （2.79）	0.224*** （2.67）
lnIPOage	0.018 （0.76）	0.015 （0.60）	0.005 （0.24）	0.009 （0.38）	0.013 （0.57）	0.013 （0.58）	0.013 （0.57）
Industry	YES	YES	YES	YES	YES	YES	YES
Year	YES	YES	YES	YES	YES	YES	YES
_cons	0.681 （1.58）	0.606 （1.42）	0.507 （1.19）	0.645 （1.50）	0.725* （1.69）	0.669 （1.56）	0.548 （1.31）
N	993	993	993	993	993	993	993
r^2	0.0710	0.0700	0.0675	0.0684	0.0734	0.0711	0.0730

t statistics in parentheses * $p < 0.1$, ** $p < 0.05$, *** $p < 0.01$

7.3.2环境不确定性的调节效应

（1）研发

表7-7报告了环境不确定性对家族涉入与研发投资的调节效应，由模型（1）、模型（2）可知，家族在控制权涉入及现金流权涉入与环境不确定性交乘项估计系数为正，且分别在10%和1%水平上显著，说明企业所处的环境不确定性越高，家族为维持家族控制权、家族权威及家族财富安全，越会加大研发投入，重视经济回报。模型（3）两权分离度与环境不确定性交乘项系数为负但不显著，可能是因为企业面临的环境不确定性越高，企业面临的风险越高，家族两权分离度越高，家族会较多地考虑家族利益，为保护家族SEW，家族反而越不愿意增加研发投入。但总体来看，环境不确定性减弱了家族在所有权层面涉入对研发投资的负面影响，家族面临的环境不确定性越高，家族越会增加对研发等风险项目的投资，以实现长远发展。由模型（4）~模型（7）可知，家族在治理层涉入的估计系数均为正且基本在1%和

10%水平上显著，说明环境不确定性减弱了家族涉入治理层与研发投资的负相关关系，当家族企业面对的环境不确定性较高时，家族涉入带来的代理问题及管理层的机会主义行为减少，家族治理层会重视企业研发创新，并增加对研发等风险项目的投资，以寻求企业价值的最大化。因此，假设H2a基本成立。而模型（6）家族涉入高管层的估计系数为正但不显著，可能是因为高管负责企业日常经营管理，家族在高管层涉入程度较高，高管的能力和经验受限，当其面临的环境更复杂时，家族高管为避免投资失误可能不愿增加研发投资。

表7-7　环境不确定性对研发投资的调节效应

	RD1	RD2	RD3	RD4	RD5	RD6	RD7
FamUcsvr	−0.03057 ★★★ （−3.78）						
EU	−0.00169 （−0.98）	−0.00173 （−1.25）	0.00159 （1.51）	−0.00091 （−0.93）	−0.00102 （−1.20）	0.00132★ （1.81）	0.00147★★ （2.14）
EU × FamUcsvr	0.00008★ （1.89）						
Tfamucscr		−0.03076 ★★★ （−4.70）					
EU × Tfamucscr		0.00007 ★★★ （2.68）					
SEPERATE			−0.00030 （−0.15）				
EU × SEPERATE			−0.00007 （−0.11）				
Rel_Dir				−0.03471 ★★★ （−3.76）			
EU × Rel_Dir				0.01487 ★★★ （2.76）			
Rel_DAM					−0.05819 ★★★ （−4.79）		

续表

	RD1	RD2	RD3	RD4	RD5	RD6	RD7
EU × Rel_DAM					0.02633 *** (3.64)		
Rel_Man						−0.00824 (−1.12)	
EU × Rel_Man						0.00170 (0.36)	
Rel_Aud							−0.02175** (−2.33)
EU × Rel_Aud							0.01412* (1.90)
TotManage	0.00149 *** (4.05)	0.00155 *** (4.30)	0.00146 *** (3.91)	0.00144 *** (3.93)	0.00128 *** (3.44)	0.00136 *** (3.68)	0.00143 *** (3.82)
AvaSlack	0.00051 (1.47)	0.00050 (1.46)	0.00042 (1.23)	0.00044 (1.31)	0.00043 (1.29)	0.00043 (1.27)	0.00041 (1.20)
PotSlack	−0.00080 (−0.57)	−0.00061 (−0.45)	−0.00048 (−0.35)	−0.00064 (−0.47)	−0.00077 (−0.58)	−0.00053 (−0.38)	−0.00064 (−0.45)
Cash	0.00649 *** (6.31)	0.00635 *** (6.21)	0.00641 *** (6.23)	0.00632 *** (6.24)	0.00632 *** (6.25)	0.00643 *** (6.28)	0.00639 *** (6.27)
IntAssInt	0.04622 (1.53)	0.04585 (1.54)	0.04394 (1.43)	0.04168 (1.36)	0.05218* (1.73)	0.04477 (1.46)	0.04607 (1.50)
Shr_h10	−0.00511 *** (−2.86)	−0.00516 *** (−2.83)	−0.00311* (−1.79)	−0.00332* (−1.94)	−0.00318* (−1.87)	−0.00341* (−1.95)	−0.00334* (−1.92)
LMTB	0.00346 *** (5.20)	0.00358 *** (5.42)	0.00335 *** (5.01)	0.00354 *** (5.24)	0.00359 *** (5.33)	0.00335 *** (4.97)	0.00332 *** (4.98)
Size	−0.00709 *** (−5.39)	−0.00806 *** (−6.32)	−0.00778 *** (−6.01)	−0.00738 *** (−5.69)	−0.00700 *** (−5.44)	−0.00767 *** (−5.85)	−0.00736 *** (−5.61)
Beta	−0.00437 (−0.92)	−0.00361 (−0.77)	−0.00280 (−0.58)	−0.00349 (−0.72)	−0.00325 (−0.68)	−0.00302 (−0.62)	−0.00330 (−0.68)
Age	−0.00077 (−0.37)	−0.00130 (−0.60)	0.00106 (0.53)	0.00013 (0.06)	−0.00022 (−0.11)	0.00064 (0.33)	0.00048 (0.24)
Industry	YES	YES	YES	YES	YES	YES	YES
Year	YES	YES	YES	YES	YES	YES	YES
_cons	0.02953 (1.14)	0.04971* (1.93)	0.02474 (0.95)	0.02696 (1.02)	0.02216 (0.84)	0.02474 (0.93)	0.02042 (0.76)
N	840	840	840	840	840	840	840
r^2	0.547	0.551	0.537	0.544	0.547	0.537	0.538

t statistics in parentheses　* $p < 0.1$, ** $p < 0.05$, *** $p < 0.01$

（2）国际化

表7-8报告了环境不确定性对家族涉入与国际化的调节效应。由模型（1）、模型（2）可知，家族在控制权涉入及现金流权涉入与环境不确定性交乘项估计系数为正且在10%水平上显著，模型（3）两权分离度与环境不确定性交乘项系数为正但不显著，表明环境不确定性减弱了家族在所有权层面涉入对国际化的负面影响，家族面临的环境不确定性越高，为避免因持股比例过高引起的财富损失及保护家族福利和控制权等，家族越会寻求开拓国际市场，转移分散风险，以通过获取更多的市场和资源来减弱环境不确定性带来的冲击。由模型（4）~模型（7）可知，家族在治理层涉入的估计系数均为正且家族在决策层涉入与国际化基本在5%水平上显著，其他估计系数也接近显著，说明环境不确定性减弱了家族涉入治理层与国际化的负相关关系，当家族企业面对的环境不确定性较高时，家族治理层感受到的外部压力较大，降低了家族管理层成员的在职消费等机会主义行为和家族陷于追求SEW的可能性。而董事会作为企业战略决策层，家族在决策层涉入程度越高，越会考虑企业长远发展，更希望通过实施国际化战略、开拓国际市场来降低对国内市场资源的依赖。因此，假设H2b得到部分验证。显然，当企业面临的环境不确定性较高时，家族在所有权层面涉入程度的影响要高于治理层层面的涉入，可能是因为当企业所处的环境变化莫测时，家族希望通过国际化分散国内风险，降低家族财富损失的可能性；而治理层则因为国际化的复杂性和风险性，受自身能力及知识限制不愿进行过多投入，除了家族在决策层涉入程度高，从宏观上做出明智的决策外，其他层面的涉入影响不是很显著。

表7-8　环境不确定性对国际化的调节效应

	FSTS1	FSTS2	FSTS3	FSTS4	FSTS5	FSTS6	FSTS7
FamUcsvr	−0.2671*** （−2.73）						
EU	−0.0085 （−0.95）	−0.0075 （−0.91）	−0.0020 （−0.21）	0.0007 （0.10）	−0.0043 （−0.62）	0.0038 （0.63）	0.0019 （0.31）

	FSTS1	FSTS2	FSTS3	FSTS4	FSTS5	FSTS6	FSTS7
EU × FamUcsvr	0.0004★ (1.66)						
Tfamucscr		−0.2190★★ (−2.34)					
EU × Tfamucscr		0.0004★ (1.87)					
SEPERATE			−0.0126 (−0.32)				
EU × SEPERATE			0.0056 (0.68)				
Rel_DAM				−0.3455★ (−1.93)			
EU × Rel_DAM				0.0405 (1.18)			
Rel_Dir					−0.1047 (−0.93)		
EU × Rel_Dir					0.0579★★ (2.12)		
Rel_Aud						−0.1974 (−1.50)	
EU × Rel_Aud						0.1159 (1.27)	
Rel_Man							−0.0620 (−1.00)
EU × Rel_Man							0.0172 (0.86)
Foreign	0.0216 (1.35)	0.0210 (1.31)	0.0255 (1.59)	0.0234 (1.46)	0.0250 (1.56)	0.0279★ (1.73)	0.0246 (1.53)
Shr_h10	−0.0040 (−0.28)	−0.0036 (−0.25)	−0.0030 (−0.21)	−0.0022 (−0.15)	−0.0017 (−0.12)	−0.0035 (−0.24)	−0.0031 (−0.21)
Growth	−0.0527 (−1.13)	−0.0533 (−1.14)	−0.0416 (−0.89)	−0.0474 (−1.02)	−0.0497 (−1.07)	−0.0409 (−0.88)	−0.0431 (−0.92)
Firmsize	0.0405★★ (2.51)	0.0410★★ (2.50)	0.0403★★ (2.51)	0.0418★★★ (2.63)	0.0440★★★ (2.76)	0.0421★★★ (2.64)	0.0405★★ (2.55)
LEV	−0.0077 (−0.17)	−0.0178 (−0.39)	−0.0277 (−0.61)	−0.0250 (−0.55)	−0.0257 (−0.57)	−0.0262 (−0.57)	−0.0273 (−0.60)
lnAGE	−0.0284 (−0.75)	−0.0276 (−0.72)	−0.0065 (−0.17)	−0.0118 (−0.31)	−0.0118 (−0.31)	−0.0080 (−0.21)	−0.0122 (−0.32)
Industry	YES	YES	YES	YES	YES	YES	YES
Year	YES	YES	YES	YES	YES	YES	YES
_cons	−0.4886 (−1.38)	−0.5273 (−1.47)	−0.6187★ (−1.82)	−0.6124★ (−1.80)	−0.6837★★ (−2.00)	−0.6659★ (−1.94)	−0.6142★ (−1.80)

续表

	FSTS1	FSTS2	FSTS3	FSTS4	FSTS5	FSTS6	FSTS7
N	1100	1100	1100	1100	1100	1100	1100
r^2_w	0.0792	0.0770	0.0653	0.0717	0.0730	0.0688	0.0664
F	1.8928★★	1.8352★★	1.5375★	1.6998★★	1.7320★★	1.6256★★	1.5646★★

t statistics in parentheses * $p < 0.1$， ** $p < 0.05$， *** $p < 0.01$

（3）多元化

表7-9报告了环境不确定性对家族涉入与多元化的调节效应。由模型（1）、模型（2）、模型（3）可知，家族在控制权涉入、现金流权涉入及两权分离度与环境不确定性交乘项估计系数均为正，且现金流权估计系数在10%水平上显著，家族控制权涉入的估计系数也接近显著，表明环境不确定性强化了家族在所有权层面涉入对国际化的正面影响，家族面临的环境不确定性越高，家族越会重视多元化经营，以分散风险，降低对当前资源及环境的依赖，实现范围经济。由模型（4）、模型（5）可知，家族在决策层涉入及董监高管理层涉入的估计系数均为正且分别在5%和10%水平上显著，表明家族企业面临的环境不确定性越高，家族决策层和管理层越会改变以往对多元化的偏见，减少其在职消费及机会主义行为，决策趋向长远，扩大家族经营范围，降低因环境不确定性高带来的经营风险。模型（6）家族在高管层涉入交乘项的估计系数虽不显著但为正，原因可能是在环境不确定性高的情况下，家族高管因为能力有限及害怕风险等而不愿实施多元化战略。模型（7）家族在监督层涉入交乘项估计系数为负但不显著，表明环境不确定性的增强对二者与多元化的调节效应不显著，可能是由于监事会在决策时会比较谨慎，尤其当企业面对的环境不确定性较高时，为避免更大的冲击和不确定性，家族在监事会任职比例越高，越会降低对可能带来更高风险及需要较高投入的多元化投资。因此，假设H2c基本得到支持。

表7-9　环境不确定性对多元化的调节效应

	EI1	EI2	EI3	EI4	EI5	EI6	EI7
FamUcsvr	−0.0015 （−1.19）						
EU	−0.0182 （−0.89）	0.0074 （0.40）	−0.0332 （−1.27）	−0.0160 （−1.10）	−0.0069 （−0.50）	0.0099 （0.92）	0.0134 （1.51）
EU× FamUcsvr	0.0007 （1.61）						
Tfamucscr		−0.0005 （−0.44）					
EU× Tfamucscr		0.0001 （0.25）					
SEPERATE			−0.0234 （−0.40）				
EU× SEPERATE			0.0384★ （1.85）				
Rel_Dir				−0.4346★★ （−2.53）			
EU× Rel_Dir				0.1426★★ （2.31）			
Rel_DAM					−0.5385★★ （−2.14）		
EU× Rel_DAM					0.1540★ （1.70）		
Rel_Man						−0.0391 （−0.29）	
EU× Rel_Man						0.0148 （0.26）	
Rel_Aud							−0.1753 （−1.27）
EU× Rel_Aud							−0.0231 （−0.82）
SEM	−0.0185 （−0.42）	−0.0177 （−0.41）	−0.0152 （−0.35）	−0.0208 （−0.48）	−0.0214 （−0.49）	−0.0176 （−0.40）	−0.0198 （−0.45）
Growth	0.2318 （1.39）	0.2321 （1.39）	0.2109 （1.26）	0.2282 （1.37）	0.2261 （1.35）	0.2326 （1.39）	0.2288 （1.37）
Shr_h10	−0.0212 （−0.77）	−0.0239 （−0.87）	−0.0272 （−1.04）	−0.0228 （−0.87）	−0.0230 （−0.88）	−0.0207 （−0.79）	−0.0193 （−0.74）
Intang	0.3204 （0.74）	0.2700 （0.62）	0.2168 （0.50）	0.2533 （0.59）	0.3382 （0.78）	0.2738 （0.63）	0.2664 （0.62）
SIZE	−0.0139 （−0.54）	−0.0166 （−0.65）	−0.0135 （−0.53）	−0.0169 （−0.67）	−0.0147 （−0.58）	−0.0171 （−0.67）	−0.0141 （−0.56）
LEV	0.2266 ★★★ （2.80）	0.2210 ★★★ （2.74）	0.2265 ★★★ （2.82）	0.2147 ★★★ （2.66）	0.2166 ★★★ （2.69）	0.2224 ★★★ （2.76）	0.2223 ★★★ （2.77）

续表

	EI1	EI2	EI3	EI4	EI5	EI6	EI7
lnIPOage	0.0134 （0.54）	0.0115 （0.46）	0.0073 （0.31）	0.0065 （0.27）	0.0072 （0.30）	0.0141 （0.59）	0.0109 （0.46）
Industry	YES	YES	YES	YES	YES	YES	YES
Year	YES	YES	YES	YES	YES	YES	YES
_cons	0.6922 （1.28）	0.7073 （1.30）	0.6543 （1.21）	0.7842 （1.45）	0.7219 （1.33）	0.7011 （1.29）	0.6514 （1.20）
N	1000	1000	1000	1000	1000	1000	1000
r^2	0.0631	0.0608	0.0661	0.0670	0.0649	0.0607	0.0657
F	2.0184 ***	1.9410**	2.1200 ***	2.1521 ***	2.0817 ***	1.9372**	2.1073 ***

t statistics in parentheses $* p < 0.1$, $** p < 0.05$, $*** p < 0.01$

7.4 本章小结

本章对外部环境业绩困境和环境不确定性对家族涉入与企业战略的调节效应进行分析。研究结果发现：

第一，当出现业绩困境时，家族涉入对研发投资和国际化的负面影响会被减弱；而对家族涉入与多元化的影响则表现为强化了家族所有权层面涉入对多元化的积极影响；弱化了治理层涉入对多元化的消极影响。

第二，当家族企业所处的环境不确定性较高时，减弱了家族涉入与研发投资及国际化的负相关关系，促使家族企业实施多元化战略，即强化了所有权层面涉入与多元化的正相关关系；弱化了治理层涉入与多元化的负相关关系。实证结论表明，总体上看，家族涉入高虽然不利于家族企业的研发创新项目的推动、国际化和多元化战略的实施，但当家族企业自身面临业绩困境或环境不确定性较高时，家族会变被动为主动，加大研发创新力度，积极开拓国际市场、多元化经营，通过获取更广的空间和资源来分散经营风险，渡过危机，实现长远可持续发展，保护家族财富和家族福利，保存家族SEW，与行为代理理论和SEW理论的预期基本一致。

8　研究结论与展望

前述章节介绍了本书的研究问题，阐述了家族涉入影响家族企业战略的机制，检验了家族涉入企业所有权层及治理层对家族企业研发投资、国际化和多元化战略的影响，并进一步分析了当家族企业面临业绩困境和环境不确定性较高时，家族涉入对企业战略的影响。本章对全书进行总结，包括两个部分：一是研究结论；二是研究局限及展望。

8.1 研究结论

家族企业是中国民营经济发展的主力军，尤其是改革开放政策实施以来，家族企业经过多年的发展步入成熟期，但伴随着中国市场经济的逐步完善、经济增长方式的转变及产业结构的调整，家族正面临战略转型的严峻挑战。然而，鲜有学者探讨转型期家族企业的战略选择，本书以2004—2012年中国中小板及创业板上市家族企业为研究样本，通过分析家族涉入对企业战略的影响，一定程度上填补了国内这一研究空白，对转型期家族企业的战略决策提供一定的经验证据和理论指导，并进一步考察了家族企业所处的外部环境对家族涉入与企业战略的调节效应，得出以下主要研究结论。

（1）家族涉入程度越高，家族企业研发投资越低。在所有权层面，家族控制权及现金流权涉入与研发投资显著负相关，两权分离度对研发投资的影响不明显；在治理层层面，家族在决策层董事会的涉入、高管层董监高的涉入程度越高，研发投资越低，但家族涉入经理层等高管层及监督层监事会的涉入对研发投资的影响虽不显著但是负相关。这与Chen和Hsu（2009）[①]、Matzler等（2015）[②]的研究结论一致，说明家族涉入程度越高，家族为保护SEW、家族福利及受限于家族智库等原因而越不愿冒风险加大研发投入。

（2）家族涉入程度越高，家族企业国际化水平越低。在所有权层面，家族控制权涉入与国际化显著负相关，家族现金流权涉入及两权分离度对国际化的影响不明显；在治理层层面，家族在管理层董监高和监督层监事会的涉入程度越高，国际化程度越低，但家族在决策层董事会的涉入、经理层高管层的涉入对国际化的影响虽不显著，但是负相关。这表明尽管国际化利于家族开拓新的市场、获取新的资源，但由于国际化在海外，需要较多的资本及专业人才，家族为保持家族控制权和家族权威，保护家族SEW等，会降低对国际化的投入。这与Mitter等（2012）[③]、Liang等（2013）[④]发现家族涉入与国际化的非线性关系的结论并不一致，原因可能是选取样本差异及中西方家族企业所处的制度环境及传统文化的不同引起的。

（3）家族涉入对多元化的影响方向相反。在所有权层面，家族现金流权涉入与多元化显著正相关，家族控制权涉入为正但接近显著，家族两权分离度对多元化的影响不明显，说明家族在所有权层面涉入程度越高，家族越愿意通过多元化分散风险，实现财富的传承。在治理层层面，家族在董事会决策层涉入程度越高，多元化水平越低；但家族在高管层涉入程度越高，家族越会实行多元化战略；而家族在董监高涉入与多元化估计系数为负接近显

① Chen H L, Hsu W T, Chang C Y. Family ownership, institutional ownership, and internationalization of SMEs[J]. Journal of Small Business Management, 2014, 52(4): 771-789.

② Matzler K, Veider V, Hautz J, Stadler C. The Impact of Family Ownership, Management, and Governance on Innovation[J]. Journal of Product Innovation Management, 2015, 32(3): 319-333.

③ Mitter C, Duller C, Feldbauer-Durstmüller B, Kraus S. Internationalization of family firms: the effect of ownership and governance[J]. Review of Managerial Science, 2012, 8(1): 1-28.

④ Liang X, Wang L, Cui Z. Chinese Private Firms and Internationalization: Effects of Family Involvement in Management and Family Ownership[J]. Family Business Review, 2013, 27(2): 126-141.

著，家族在监督层监事会涉入的估计系数为正但不显著，说明对多元化影响不明显。总的来看，家族成员在治理层任职比例越高，越不利于企业多元化水平的提高，原因可能是因为家族高管经验及知识能力有限，并有更多的机会追求家族福利及在职消费，减少了用于国际化的资源。家族在所有权层面涉入的研究结论与Gomez-Mejia等（2010）发现家族所有权比例越高多元化水平越低的研究结论相反，[①]原因可能是因为中国家族企业受传统家文化影响深刻，更希望通过多元化分散风险、实现可持续发展，以实现家业及财富的顺利传承。

（4）当面临业绩困境时，家族涉入对研发投资和国际化的负面影响减弱；家族所有权涉入与多元化的正相关关系得到强化，家族治理层涉入与多元化的负相关关系得到减弱。这个结果侧面支持了Chrisman和Patel（2012）[②]的观点，表明当企业面临业绩困境时，家族会更注重经济目标，家族高管会提高对风险的承受能力，不再优先考虑规避风险以保护SEW，而是重视研发投入，积极实施国际化及多元化战略，渡过眼前危机，避免经济目标和家族福利的双重损失。

（5）当面临环境不确定性较高时，减弱了家族涉入对研发投资和国际化的负面影响；强化了家族所有权涉入与多元化的正相关关系，弱化了家族治理层涉入与多元化的负相关关系。这说明当家族企业所处环境不确定性越高时，家族必须要对竞争者行动、顾客需求及其他主要变化迅速做出反应，降低了家族陷于追求SEW的风险。而且家族成员对外部环境不确定性感知越高，越会采取类似于企业家的行为，如增加研发投资、提高国际化及多

---

① Gomez-Mejia L R, Makri M, Kintana M L. Diversification decisions in family-controlled firms[J]. Journal of Management Studies, 2010, 47(2): 223-252.

② Chrisman J J, Patel P C. Variations in R&D investments of family and non-family firms: Behavioral agency and myopic loss aversion perspectives[J]. Academy of Management Journal, 2012, 55(4): 976-997.

元化水平等，以转移风险、适应高速变化的市场环境，与Fini（2012）[①]、Lumpkin（2010）[②]等的研究结论保持一致。

8.2 研究局限及展望

8.2.1 研究局限

尽管笔者做了许多努力和尝试，力求做到深入、细致和全面，但是由于自身知识背景、研究水平、时间和精力等方面的限制，作者的研究仍然是有些粗浅，可能存在一些局限和不足：

（1）由于中小板于2004年、创业板于2009年才开始上市，所研究的家族企业数据期间只有8年，而发展战略一般时间较长，因此无法深入研究家族涉入对家族企业战略的长期影响。

（2）家族企业战略是多元丰富的，甚至不同时期会发生不同的变化，本书仅仅分析了家族涉入对研发投资、多元化及国际化战略的影响，仅仅用这3个指标可能有失偏颇，不能深入了解家族涉入对企业战略的内涵。

（3）外部环境的调节效应，本书只考虑了业绩困境及环境不确定性的影响，实际上除此之外，还有很多外部环境值得探讨，如企业所处制度环境和竞争环境等。

8.2.2 未来研究方向

在未来的后续研究中，笔者将在以下几个方面继续深入探索：

（1）本书仅仅分析了家族涉入对企业研发投资、国际化及多元化战略的直接影响，并没有探讨家族企业战略选择的经济后果，尽管家族涉入程度

---

① Fini R, Grimaldi R, Marzocchi G L, Sobrero M. The determinants of corporate entrepreneurial intention within small and newly established firms[J]. Entrepreneurship Theory and Practice, 2012, 36(2): 387-414.

② Lumpkin G, Brigham K H, Moss T W. Long-term orientation: Implications for the entrepreneurial orientation and performance of family businesses[J]. Entrepreneurship and Regional Development, 2010, 22(3-4): 241-264.

会影响其战略选择，但不同的战略选择会给企业带来何种影响，是提高还是降低了企业价值，是否利于企业长远发展，这些都值得作者进行深入的分析研究。因此，为提高研究的连续性和研究价值，以后可深入探讨家族涉入影响企业战略选择所带来的经济后果，如家族企业战略对企业绩效、企业价值等的影响。

（2）外部环境的调节效应。本书仅仅考虑了企业的业绩困境和面临的环境不确定性对家族涉入与企业战略的影响，显然，企业面临的外部环境是复杂多变的，不仅包括企业内部的环境，也包括所面临的外部环境，如家族企业所处的宏观制度环境、所处行业的竞争环境等。因此，为避免研究的片面性，未来笔者可进一步探讨企业所处的制度环境及竞争环境对企业战略的影响。

参考文献

[1] Anderson, R C, Reeb D M. Board composition: Balancing family influence in S&P 500 firms[J]. Administrative science quarterly, 2004, 49（2）: 209-237.

[2] Ansoff H I. Strategies for diversification[J]. Harvard business review, 1957, 35（5）: 113-124.

[3] Arregle J-L, Naldi L, Nordqvist M, Hitt M A. Internationalization of Family-Controlled Firms: A Study of the Effects of External Involvement in Governance[J]. Entrepreneurship Theory and Practice, 2012, 36（6）: 1115-1143.

[4] Barney J. Firm resources and sustained competitive advantage[J]. Journal of management, 1991, 17（1）: 99-120.

[5] Basu N, Dimitrova L, Paeglis I. Family control and dilution in mergers[J]. Journal of Banking & Finance, 2009, 33（5）: 829-841.

[6] Becker G S, Becker G S. A Treatise on the Family[M]. Cambridge: Harvard University Press, 2009.

[7] Berrone P, Cruz C, Gomez-Mejia L R. Socioemotional wealth in family firms theoretical dimensions, assessment approaches, and agenda for future research[J]. Family Business Review, 2012, 25（3）: 258-279.

[8] Binacci M, Peruffo E, Oriani R, Minichilli A. Are All Non-Family Managers （NFMs） Equal? The Impact of NFM Characteristics and Diversity on Family Firm Performance[J]. Corporate Governance: An International Review, 2015: 1-15.

[9] Block J, Miller D, Jaskiewicz P, Spiegel F. Economic and Technological Importance of Innovations in Large Family and Founder Firms: An Analysis of Patent

Data[J]. Family Business Review, 2013, 26（2）: 180-199.

[10] Boatty R, St Zajac E. Managerial incentives, mon-itoring, and risk-bearing: A study of executive compensation, ownership, and board structure in initial public offerings[J]. Administrative Science Quarterly, 1994(39): 313-335.

[11] Boumgarden P, Nickerson J, Zenger T R. Sailing into the wind: Exploring the relationships among ambidexterity, vacillation, and organizational performance[J]. Strategic Management Journal, 2012, 33（6）: 587-610.

[12] Carney M. Corporate governance and competitive advantage in family-controlled firms[J]. Entrepreneurship Theory and Practice, 2005, 29（3）: 249-265.

[13] Casillas J C, Moreno A M, Barbero J L. A configurational approach of the relationship between entrepreneurial orientation and growth of family firms[J]. Family Business Review, 2009(23): 27-44.

[14] Chandler A D, Hikino T, Chandler A D. Scale and scope: The dynamics of industrial capitalism[M]. Cambridge: Harvard University Press, 2009.

[15] Chandler Jr A D. Strategy and structure[M]. Cambridge MA:MIT Press, 1962.

[16] Chen H L, Hsu W T, Chang C Y. Family ownership, institutional ownership, and internationalization of SMEs[J]. Journal of Small Business Management, 2014, 52（4）: 771-789.

[17] Chrisman J J, Patel P C. Variations in R&D investments of family and nonfamily firms: Behavioral agency and myopic loss aversion perspectives[J]. Academy of Management Journal, 2012, 55（4）: 976-997.

[18] Chrisman J J, Chua J H, De Massis A, Frattini F, Wright M. The Ability and Willingness Paradox in Family Firm Innovation[J]. Journal of Product Innovation Management, 2015, 32（3）: 310-318.

[19] Chua J H, Chrisman J J, Sharma P. Defining the family business by

behavior[J]. Entrepreneurship Theory and Practice, 1999(23): 19-40.

[20] Coffee J C. Shareholders versus managers: The strain in the corporate web[J]. Michigan Law Review, 1986, 85（1）: 1-109.

[21] Cyert R M, March J G. A behavioral theory of the firm[M]. Cambridge: Harvard University Press, 1963.

[22] Dess G G, Beard D W. Dimensions of organizational task environments[J]. Administrative Science Quarterly, 1984(29): 52-73.

[23] Fama E F. Agency Problems and the Theory of the Firm[J]. The Journal of Political Economy, 1980: 288-307.

[24] Fama E F, Jensen M C. Separation of ownership and control[J]. The Journal of Law & Economics, 1983, 26（2）: 301-325.

[25] Fini R, Grimaldi R, Marzocchi G L, Sobrero M. The determinants of corporate entrepreneurial intention within small and newly established firms[J]. Entrepreneurship Theory and Practice, 2012, 36（2）: 387-414.

[26] Finkelstein S, Hambrick D C. Top-management-team tenure and organizational outcomes: The moderating role of managerial discretion[J]. Administrative Science Quarterly, 1990: 484-503.

[27] Gómez-Mejía L R, Haynes K T, Núñez-Nickel M, Jacobson K J, Moyano-Fuentes J. Socioemotional wealth and business risks in family-controlled firms: Evidence from Spanish olive oil mills[J]. Administrative Science Quarterly, 2007, 52（1）: 106-137.

[28] Gomez-Mejia L R, Cruz C, Berrone P, De Castro J. The bind that ties: Socioemotional wealth preservation in family firms[J]. The Academy of Management Annals, 2011, 5（1）: 653-707.

[29] Gomez-Mejia L R, Campbell J T, Martin G, Hoskisson R E, Makri M, Sirmon D G. Socioemotional Wealth as a Mixed Gamble: Revisiting Family Firm

R&D Investments With the Behavioral Agency Model[J]. Entrepreneurship Theory and Practice, 2013(38): 1351-1374.

[30] Gomez-Mejia L R, Makri M, Kintana M L. Diversification decisions in family-controlled firms[J]. Journal of Management Studies, 2010, 47（2）: 223-252.

[31] Greve H R. Organizational learning from performance feedback: A behavioral perspective on innovation and change[M].Cambridge: Cambridge University Press, 2003.

[32] Hambrick D C, Mason P A. Upper echelons: The organization as a reflection of its top managers[J]. Academy of Management Review, 1984, 9（2）: 193-206.

[33] Hernández-Trasobares A, Galve-Górriz C. The influence of family control on decisions regarding the specialization and diversification of business groups[J]. Business Research Quarterly, 2015（43）: 1-17.

[34] Hill C W, Snell S A. External control, corporate strategy, and firm performance in research-intensive industries[J]. Strategic Management Journal, 1988, 9（6）: 577-590.

[35] Hitt M A, Ireland R D, Hoskisson R E. Strategic management cases: competitiveness and globalization[M].Stanford: Cengage Learning, 2012.

[36] Hoskisson R E, Hitt M A, Hill C W. Managerial incentives and investment in R&D in large multiproduct firms[J]. Organization Science, 1993, 4（2）: 325-341.

[37] Huybrechts J, Voordeckers W, Lybaert N. Entrepreneurial Risk Taking of Private Family Firms: The Influence of a Non-family CEO and the Moderating Effect of CEO Tenure[J]. Family Business Review, 2012, 26（2）: 161-179.

[38] Ibrahim B, Dumas C, McGuire J. Strategic decision making in small family firms: an empirical investigation[J]. Journal of Small Business Strategy, 2015, 12（1）: 80-90.

[39] Ireland R D, Hitt M A, Sirmon D G. A model of strategic entrepreneurship:

The construct and its dimensions[J]. Journal of Management, 2003, 29（6）: 963-989.

[40] Jensen M C, Meckling W H. Theory of the firm: Managerial behavior, agency costs and ownership structure[J]. Journal of Financial Economics, 1976, 3（4）: 305-360.

[41] Kahneman D, Tversky A. Prospect theory: An analysis of decision under risk[J]. Econometrica: Journal of the Econometric Society, 1979, 47（2）: 263-291.

[42] Kahneman D, Tversky A. Prospect theory: An analysis of decision under risk[J]. Econometrica: Journal of the Econometric Society, 1979: 263-291.

[43] Kotlar J, Fang H, De Massis A, Frattini F. Profitability Goals, Control Goals, and the R&D Investment Decisions of Family and Non-family Firms[J]. Journal of Product Innovation Management, 2014, 31（6）: 1128-1145.

[44] Kraiczy N D, Hack A, Kellermanns F W. What Makes a Family Firm Innovative? CEO Risk-Taking Propensity and the Organizational Context of Family Firms[J]. Journal of Product Innovation Management, 2015, 32（3）: 334-348.

[45] Lansberg I, Perrow E L, Rogolsky S. Editors' Notes[J]. Family Business Review, 1988, 1（1）: 1-8.

[46] Liang X, Wang L, Cui Z. Chinese Private Firms and Internationalization: Effects of Family Involvement in Management and Family Ownership[J]. Family Business Review, 2013, 27（2）: 126-141.

[47] Lubatkin M H, Simsek Z, Ling Y, Veiga J F. Ambidexterity and performance in small-to medium-sized firms: The pivotal role of top management team behavioral integration[J]. Journal of Management, 2006, 32（5）: 646-672.

[48] Lumpkin G, Brigham K H, Moss T W. Long-term orientation: Implications for the entrepreneurial orientation and performance of family businesses[J]. Entrepreneurship and Regional Development, 2010, 22（3-4）: 241-264.

[49] Lumpkin G T, Steier L, Wright M. Strategic entrepreneurship in family business[J]. Strategic Entrepreneurship Journal, 2011, 5（4）: 285-306.

[50] Mahto R V, Khanin D. Satisfaction with Past Financial Performance, Risk Taking, and Future Performance Expectations in the Family Business[J]. Journal of Small Business Management, 2015, 53（3）: 801-818.

[51] Matzler K, Veider V, Hautz J, Stadler C. The Impact of Family Ownership, Management, and Governance on Innovation[J]. Journal of Product Innovation Management, 2015, 32（3）: 319-333.

[52] Mazzi C. Family business and financial performance: Current state of knowledge and future research challenges[J]. Journal of Family Business Strategy, 2011, 2（3）: 166-181.

[53] Merino F, Monreal-Pérez J, Sánchez-Marín, G. Family SMEs' Internationalization: Disentangling the Influence of Familiness on Spanish Firms' Export Activity[J]. Journal of Small Business Management, 2015, 53（4）: 1164-1184.

[54] Miller D, Toulouse J-M. Chief executive personality and corporate strategy and structure in small firms[J]. Management Science, 1986, 32（11）: 1389-1409.

[55] Miller D, Breton-Miller L. Deconstructing socioemotional wealth[J]. Entrepreneurship Theory and Practice, 2014, 38（4）: 713-720.

[56] Miller D, Le Breton-Miller I, Lester R H. Family ownership and acquisition behavior in publicly-traded companies[J]. Strategic Management Journal, 2009: 201-223.

[57] Mishra C S, McConaughy D L. Founding family control and capital structure: The risk of loss of control and the aversion to debt[J]. Entrepreneurship: Theory and Practice, 1999, 23（4）: 53-53.

[58] Mitter C, Duller C, Feldbauer-Durstmüller B, Kraus S. Internationalization

of family firms: the effect of ownership and governance[J]. Review of Managerial Science, 2012, 8（1）: 1-28.

[59] Morck R, Yeung B. Agency problems in large family business groups[J]. Entrepreneurship Theory and Practice, 2003, 27（4）: 367-382.

[60] Mullins W, Schoar A. How do CEOs see their roles? Management philosophies and styles in family and non-family firms[J]. Journal of Financial Economics, 2016, 119（1）: 24-43.

[61] Papadakis V M, Barwise P. How much do CEOs and top managers matter in strategic decision-making?[J]. British Journal of Management, 2002, 13（1）: 83-95.

[62] Patel P C, Chrisman J J. Risk abatement as a strategy for R&D investments in family firms[J]. Strategic Management Journal, 2014, 35（4）: 617-627.

[63] Porta R, Lopez-de-Silanes F, Shleifer A. Corporate ownership around the world[J]. The Journal of Finance, 1999, 54（2）: 471-517.

[64] Porter M E. What is strategy?[J]. Harvard Business Review, 1996, 74（6）: 61-78.

[65] Salvato C, Moores K. Research on accounting in family firms: Past accomplishments and future challenges[J]. Family Business Review, 2010, 23（3）: 193-215.

[66] Schmid T, Ampenberger M, Kaserer C, Achleitner A-K. Family Firm Heterogeneity and Corporate Policy: Evidence from Diversification Decisions[J]. Corporate Governance: An International Review, 2015, 23（3）: 285-302.

[67] Schulze W S, Lubatkin M H, Dino R N. Toward a theory of agency and altruism in family firms[J]. Journal of Business Venturing, 2003, 18（4）: 473-490.

[68] Sciascia S, Mazzola P, Kellermanns F W. Family management and profitability in private family-owned firms: Introducing generational stage and the

socioemotional wealth perspective[J]. Journal of Family Business Strategy, 2014, 5（2）: 131-137.

[69] Tversky A, Kahneman D. Rational choice and the framing of decisions[J]. Journal of Business, 1986: S251-S278.

[70] Van Essen M, Carney M, Gedajlovic E R, Heugens P P M A R. How does Family Control Influence Firm Strategy and Performance? A Meta-Analysis of US Publicly Listed Firms[J]. Corporate Governance: An International Review, 2015, 23（1）: 3-24.

[71] Wernerfelt B. A resource-based view of the firm[J]. Strategic Management Journal, 1984, 5（2）: 171-180.

[72] Williamson O E. Managerial discretion and business behavior[J]. The American Economic Review, 1963, 53（5）: 1032-1057.

[73] Wiseman R M, Gomez-Mejia L R. A behavioral agency model of managerial risk taking[J]. Academy of Management Review, 1998, 23（1）: 133-153.

[74] 陈凌，陈华丽. 家族涉入、社会情感财富与企业慈善捐赠行为——基于全国私营企业调查的实证研究[J]. 管理世界，2014（8）: 90-101.

[75] 陈士慧，吴炳德，窦军生等. 家族关系如何影响企业创新?——对创新中不可忽视的"家族力量"的检验[J]. 科学学研究，2016，34（5）: 793-800.

[76] 费孝通. 乡土中国[M]. 北京：北京出版社，2005.

[77] 葛菲，贺小刚，吕斐斐. 组织下滑与国际化选择：产权与治理的调节效应研究[J]. 经济管理，2015（6）: 43-55.

[78] 何轩，宋丽红，朱沆等. 家族为何意欲放手?——制度环境感知、政治地位与中国家族企业主的传承意愿[J]. 管理世界，2014（2）: 90-101.

[79] 贺小刚，连燕玲. 家族权威与企业价值——基于家族上市公司的实证

研究[J]. 经济研究, 2009 (04): 90–102.

[80] 贺小刚, 李新春, 连燕玲. 家族权威与企业绩效——基于广东省中山市家族企业的经验研究[J]. 南开管理评论, 2007 (05): 75–81.

[81] 贺小刚, 李婧, 陈蕾. 家族成员组合与公司治理效率——基于家族上市公司的实证研究[J]. 南开管理评论, 2010 (6): 149–160.

[82] 贺小刚, 李新春, 连燕玲. 家族成员的权力集中度与企业绩效——对家族上市公司的研究[J]. 管理科学学报, 2011 (05): 86–96.

[83] 贺小刚, 李新春, 连燕玲等. 家族内部的权力偏离及其对治理效率的影响——对家族上市公司的研究[J]. 中国工业经济, 2010 (10): 96–106.

[84] 贾良定, 张君君, 钱海燕等. 企业多元化的动机、时机和产业选择——西方理论和中国企业认识的异同研究[J]. 管理世界, 2005 (8): 94–104.

[85] 李晓翔, 刘春林. 困难情境下组织冗余作用研究: 兼谈市场搜索强度的调节作用[J]. 南开管理评论, 2013, 16 (3): 140–148.

[86] 李新春, 李炜文, 朱沆. 创业、传承与家族企业国际化——第八届创业与家族企业国际研讨会会议综述[J]. 管理世界, 2013 (1): 168–171.

[87] 李新春, 张鹏翔, 叶文平. 家族二代认知差异与企业多元化战略调整——基于中国上市家族企业二代进入样本的实证研究[J]. 中山大学学报（社会科学版）, 2016, 56 (3): 183–193.

[88] 厉以宁. 经济发展的优势[J]. 中国流通经济, 2012, 26 (12): 65–68.

[89] 连燕玲, 贺小刚, 高皓. 业绩期望差距与企业战略调整[J]. 管理世界, 2014 (11): 119–133.

[90] 连燕玲, 周兵, 贺小刚等. 经营期望、管理自主权与战略变革[J]. 经济研究, 2015, 50 (8): 31–44.

[91] 梁强, 周莉, 邹立凯. 二代自主权与家族企业多元化战略: 能力禀赋的调节效应[J]. 外国经济与管理, 2016, 38 (7): 24–40.

[92] 梁强，周莉，宋丽红. 家族内部继任、外部资源依赖与国际化[J]. 管理学报，2016，13（4）：524-532.

[93] 柳建华. 多元化投资、代理问题与企业绩效[J]. 金融研究，2009（7）：104-120.

[94] 柳茂平. 战略本质与企业战略内在层次结构[J]. 南开管理评论，2003，6（1）：31-34.

[95] 芮明杰，胡金星，张良森. 企业战略转型中组织学习的效用分析[J]. 研究与发展管理，2005，17（2）：99-104.

[96] 苏冬蔚. 多元化经营与企业价值：我国上市公司多元化溢价的实证分析[J]. 经济学（季刊），2005，4（S1）：135-158.

[97] 苏启林，朱文. 上市公司家族控制与企业价值[J]. 经济研究，2003（8）：36-45.

[98] 王琨，徐艳萍. 家族企业高管性质与薪酬研究[J]. 南开管理评论，2015，18（4）：15-25.

[99] 王明琳，周生春. 控制性家族类型、双重三层委托代理问题与企业价值[J]. 管理世界，2006（8）：83-93.

[100] 翁宵暐，王克明，吕长江. 家族成员参与管理对 IPO 抑价率的影响[J]. 管理世界，2014（1）：156-166.

[101] 吴炳德，陈凌. 社会情感财富与研发投资组合：家族治理的影响[J]. 科学学研究，2014，32（8）：1233-1241.

[102] 约瑟夫·熊彼特. 资本主义、社会主义与民主[M]. 吴良健，译. 北京：商务印书馆，1999.

[103] 严若森，叶云龙. 家族所有权、家族管理涉入与企业 R&D 投入水平——基于社会情感财富的分析视角[J]. 经济管理，2014，36（12）：51-61.

[104] 杨学儒，李新春. 家族涉入指数的构建与测量研究[J]. 中国工业经济，2009（05）：97-107.

[105] 于健南，石本仁，石水平. 中国家族企业治理要素与企业绩效实证研究[J]. 山西财经大学学报，2008（03）：73-81.

[106] 张俭. 家族涉入与家族企业价值[D]. 广州：暨南大学，2013.

[107] 张玉明，李荣，闵亦杰. 家族涉入、多元化战略与企业研发投资[J]. 科技进步与对策，2015（23）：72-77.

[108] 张远飞，贺小刚，连燕玲. "富则思安"吗?——基于中国民营上市公司的实证分析[J]. 管理世界，2013（7）：130-144.

[109] 赵晶，张书博，祝丽敏. 传承人合法性对家族企业战略变革的影响[J]. 中国工业经济，2015（8）：130-144.

[110] 周立新. 社会情感财富与家族企业国际化：环境动态性的调节效应研究[J]. 商业经济与管理，2016（4）：5-14.

[111] 朱沆，周影辉. 社会情感财富抑制了中国家族企业的创新投入吗?[J]. 管理世界，2016（3）：99-114.

[112] 朱沆，叶琴雪，李新春. 社会情感财富理论及其在家族企业研究中的突破[J]. 外国经济与管理，2012，34（12）：56-62.

[113] 朱沆，韩晓燕，黄婷. 家族涉入管理与私营企业职业经理的心理所有权——基于"我们"意识的新理论解释术[J]. 南开管理评论，2015，18（4）：4-14.

后　记

由于本书是在我博士学位论文的基础上修改、充实而成，因而在完成的瞬间，固然对刚刚诞生的作品满怀欣喜之情，但涌上心头更多的是感激。

首先，感谢我的博士导师石本仁教授，是他引领我进入这神圣的学术殿堂。在攻读博士学位的几年时间里，老师渊博的学识、严谨的治学精神、对学生的严格要求以及如父般的责任心深深地刻在了我的心里，从他身上我领悟到身为学者的治学严谨和身为师长的诲人不倦，是我永远学习的榜样。恩师作为家族企业研究的知名学者，总是在我困惑迷茫时给予鼓励，在我自我满足时又不断鞭策我继续前进，在关键时刻又敲打我不要迷失方向。在恩师的严格要求和悉心指导下，我从对家族企业一无所知到如数家珍，并逐步完成有关家族企业小论文的写作报告和大论文的撰写，也感受到科研的乐趣和意义。我作为恩师的关门弟子甚觉压力山大，自觉很多地方没达到老师的期望，感觉对不起老师如父般的关怀和教诲，每每想到此内心深感内疚。但我还是感谢恩师的谆谆教导和培养，让我成为更好的自己，深深地觉得能够成为他的弟子是一种荣幸。恩师这种春风化雨、润物无声的熏陶和指导，我将永远铭记和感激。借此机会，再一次向最敬爱的石老师四年来在学术和生活上给予的启发和教诲、关怀和照顾，致以最衷心的感谢和最诚挚的敬意！

同时感谢同门杨志强师兄和张俭师姐对我学业及生活的帮助。感谢他们在我感到迷惘和陷于困顿时，对我指点迷津，让我很快豁然开朗。感谢杨志强师兄每每在我思路不通时，对我的点拨和指导，正因为与他的交流和启发，我才顺利确定开题并有效完成毕业论文的写作。也感谢张俭师姐收集数据的辛苦工作，正因为师姐的辛苦付出才有我博士论文的数据基础。也感谢胡海波老师、李四海博士及同门的王蕴翠师姐、江金锁师兄及曾建新师兄，在与他们的讨论与交流中，我得到诸多启迪，是他们的帮助使我的研究少走弯路、顺利完成。

其次，感谢暨南大学管理学院的江伟教授、白华教授、肖继辉教授、杨德明副教授和石水平副教授在预答辩中对论文写作提出的宝贵意见。感谢沈洪涛教授、饶品贵教授、黎文靖教授、丁友刚教授及管院的其他各位领导和老师等在学习、生活方面给予的关怀、照顾和无私帮助，学生的任何进步和成长，都是老师们谆谆教导和悉心培养的结果。感谢会计系的博士论坛，在这里我不仅报告了自己的论文，得到老师和同学们有益的修改意见和建议，且有幸聆听到国内外著名专家的论文报告让我受益匪浅，也感谢会计系聘请的海内外的著名学者的授课，如程仕军老师、林晨老师、姜国华老师及岳恒老师等，是他们为我打开了广阔的视野，提高了我对科研的兴趣。感谢研究生培养办的肖雨果老师、肖佩云老师及牛春华老师等，正是因为他们细致周到的工作才使得开题、答辩等各项事宜得以顺利进行。同时衷心地感谢我的硕导阳秋林教授、胡海波老师及南华大学的其他老师和同学对我学业的关心和帮助。在此，对各位老师致以最崇高的敬意！

另外，特别感谢我的同学孙惠博士、刘慧芬博士、蔡宏标博士、唐亮博士、周华博士、陈琪博士及陈永圣博士，也感谢卢美玲师妹和黄楠师妹，谢谢你们在我读博期间给予我莫大的关怀和帮助，正因为有你们的陪伴，我的博士生活才更加多彩，能与你们一同学习、生活，是我的幸运，也愿你们的生活、学习和工作更加精彩。

我还要感谢我的家人，在整个求学过程中，他们一直默默地在背后为我付出，尤其是我姐自我高中起就给予我无微不至的关怀和支持，家人的支持和爱护一直是我前进的动力和坚实的后盾。

回想博士生涯的几年生活，帮助过我的人如此之多，挂一漏万在所难免，感谢那些默默帮助我的人，因为有你们，我很幸运，因为有你们，我很幸福！寥寥数语难以表达我的感激之情，我会在将来的日子里积极进取、努力拼搏，用实际行动予以回报。

最后，再次感谢所有关心、帮助、支持我的人，祝愿你们永远幸福快乐！

2021年8月1日于康乐园